guide des huiles essentielles

guide des huiles essentielles

Jennie Harding

Queen Street House
4 Queen Street
Bath BA1 1HE Royaume-Uni
Création : Bridgewater Book Company Ltd.

Réalisation : InTexte Édition, Toulouse
Traduction de l'anglais : Chantal Combaz

ISBN 1-40542-887-2

Imprimé en Chine

AVERTISSEMENT

Aucune des informations contenues dans cet ouvrage ne peut se substituer à un avis médical. Toute personne dont l'état de santé est susceptible de le nécessiter doit consulter un médecin généraliste ou spécialiste.

ATTENTION

Ne laissez jamais une bougie brûler sans surveillance.

REMERCIEMENTS

L'éditeur adresse ses remerciement pour leurs images à :
Art Directors and Trip : 12 h, 20 b, 23 h, 29 h, 32 h, 48 h, 49 b ; *A-Z Botanical Collection Ltd* : 8 b, 19 h, 34 h, 37 h, 39 h ; *Corbis UK Ltd* : 18 b, 23 b, 38, 53 h ; *Garden Picture Library* : 47 b ; *Getty Images* : 7 h, 10 h, 11 h, 24 h, 36 b, 59 b ; *Harry Smith Horticultural Photographic Collection* : 33 h.

sommaire

Introduction 6

D'où viennent les huiles essentielles ? 8

Comment et où obtient-on les huiles essentielles ? 10

À quoi servent les huiles essentielles ? 12

Précautions d'emploi des huiles essentielles 14

Utilisation des huiles essentielles en aromathérapie 16

Sélection d'huiles essentielles 17

Des soins de la peau simples à base d'huiles essentielles 54

Mélanges spécial massage 56

Les huiles essentielles dans la vie quotidienne 58

Achat et conservation des huiles essentielles 60

Glossaire 62

Adresses, livres et sites Internet utiles 63

Index 64

Introduction

L'homme aime les plantes aromatiques. Notre comportement le révèle clairement. Quand nous passons à côté d'une belle fleur odorante, ses effluves caressent nos narines et nous nous arrêtons net, perdant le fil de nos idées et plongeons le visage dans le calice pour en inhaler le parfum. Nous oublions ainsi, un instant, les soucis et les ennuis de la journée, et le monde nous semble moins compliqué. Les jardiniers aiment effleurer et sentir les herbes et les plantes aromatiques qu'ils cultivent, respirer les arômes qui collent aux doigts, comme le romarin à l'odeur pénétrante ou la menthe revigorante, la lavande fraîche ou le fenouil amer. Ces senteurs attirantes nous détendent et nous aident à respirer profondément.

Tous ces parfums que nous apprécions et respirons avec tant d'enthousiasme sont des huiles essentielles, les substances odorantes naturelles des plantes aromatiques. Ce sont les plantes elles-mêmes qui les produisent et les stockent dans leurs tissus ; elles ne sont libérées que par le toucher ou la chaleur du soleil. À peine un pour cent de toutes les plantes de la Terre contiennent des huiles essentielles. Depuis l'Antiquité, les êtres humains entretiennent une relation particulière avec ces espèces, à partir desquelles ils produisent des parfums, de l'encens et des médicaments.

L'aromathérapie a recours aux huiles essentielles pour leurs effets agréables et revitalisants sur le corps et l'esprit. Elles peuvent s'utiliser sur la peau, dans le bain et en inhalation

L'odeur piquante du romarin échauffe les sens et excite les papilles gustatives. Il se cultive facilement en pot à l'extérieur.

Les fleurs attirent notre odorat comme un aimant. Des plantes comme les roses parfumées nous fascinent.

Un moment de détente dans un bain parfumé aux huiles essentielles apaise les sens et soulage les douleurs du corps.

pour favoriser la relaxation et le bien-être. Les huiles essentielles et l'aromathérapie ont des effets bénéfiques sur l'état émotionnel et la santé du corps, en procurant un sentiment de paix intérieure et d'équilibre.

Ce chapitre vous emmène en voyage au cœur du monde des huiles essentielles pour vous faire découvrir d'où elles viennent et comment on les obtient. C'est une présentation des plantes spécifiques qui produisent les huiles essentielles, révélant leur fonction unique comme moyen naturel de guérison. Vous trouverez, pages 16 à 53, une sélection détaillée de 36 huiles essentielles courantes, qui vous aidera à mieux les connaître et à les utiliser, pour vous-même, comme pour vos amis ou votre famille. Les méthodes sont simples et faciles à appliquer au quotidien. Vous y trouverez également des conseils sur les précautions à prendre, l'achat et la conservation de ces huiles, ainsi que sur les soins quotidiens.

Vous découvrirez peut-être que l'achat d'huiles essentielles, le plaisir de respirer leur arôme et l'apprentissage de leur utilisation constituent une activité passionnante qui, de simple hobby, peut devenir un mode de vie.

Ce chapitre fait le lien entre les huiles essentielles et les plantes dont elles sont extraites. L'accent mis sur l'aspect botanique nous rappelle que toute vie sur Terre dépend des plantes. En tant que gardiens de la planète, nous devons utiliser ces ressources naturelles de manière responsable si nous voulons continuer à profiter de leurs bienfaits.

Les grains de poivre noir produisent une huile échauffante et stimulante, qui soulage les douleurs.

D'où viennent les huiles essentielles ?

Les huiles essentielles s'obtiennent à partir d'un petit nombre d'espèces de plantes aromatiques. Pour mieux comprendre les huiles essentielles, il est intéressant de connaître la manière dont les plantes les produisent, à partir des racines, du bois, des feuilles, des fleurs, des fruits ou des baies. Toutes ces parties de la plante peuvent en effet en contenir.

La magie des plantes

Les plantes sont les systèmes énergétiques interactifs les plus étonnants : elles peuvent réagir aux changements les plus infimes qui affectent leur environnement à tout moment de leur cycle de vie. Toutes leurs activités sont axées sur la survie, la compétition et la reproduction et, pendant des millions d'années, elles ont mis au point des mécanismes précis dans ce but exclusif, dont les huiles essentielles.

Les botanistes ne savent pas avec certitude pourquoi certaines plantes ont évolué jusqu'à pouvoir contenir des huiles essentielles. Nous vous proposons toutefois quelques explications.

Les huiles essentielles existent dans différentes parties de la plante – racines, bois, feuilles, fleurs, fruits et baies – qui nous livrent leurs précieux parfums.

Racines

Les racines drainent l'eau et les minéraux dans le tissu de la plante et lui assurent également la stabilité pendant sa croissance. Des racines aromatiques comme celles du curcuma ou du vétiver, qui poussent dans les zones chaudes tropicales, ont une odeur qui repousse les vers, les coléoptères et autres insectes, ce qui protège les tissus fragiles des racines des agressions et permet une absorption d'eau maximale.

Bois

Des arbres comme le santal ou le cèdre contiennent des huiles essentielles dans le bois

Les huiles contenues dans les feuilles peuvent avoir une fonction de protection. Voici l'ylang-ylang : les magnifiques fleurs nichent au creux de grandes feuilles d'un vert sombre qui les protègent des éléments.

Les huiles essentielles contenues dans l'écorce des fruits ont un arôme pénétrant, de longue durée, c'est pourquoi ce sont des parfums très appréciés.

de cœur des troncs et dans les branches. Il semblerait que les huiles contribuent à protéger la structure interne du bois des attaques de coléoptères et autres insectes. Des arbustes comme ceux de la famille des burséracées (qui produisent l'encens et la myrrhe) secrètent de la résine, une substance visqueuse, riche en huiles essentielles, pour se protéger en cas de fissure ou de détérioration de leur écorce. Depuis des milliers d'années, l'homme recueille cette résine et la fait brûler.

Feuilles

Dans les feuilles de toutes les plantes, le processus de photosynthèse utilise la lumière du soleil pour transformer le gaz carbonique et l'eau en glucides. Ce processus est vital pour la croissance de la plante et sa floraison, et pour lui permettre une bonne reproduction. Les huiles essentielles contenues dans les feuilles les protègent des champignons ou des attaques microbiennes, faisant en sorte que la surface nécessaire à la nourriture de la plante soit la plus étendue possible.

Fleurs

Quelques-unes des huiles essentielles florales qui sont utilisées en aromathérapie, comme la lavande, la rose, le jasmin ou la fleur d'oranger, exhalent des parfums suaves et subtils.
Les huiles essentielles d'autres plantes comme le frangipanier, la tubéreuse ou le mimosa, dont l'extraction est très coûteuse, sont utilisées dans la formulation de certains des parfums les plus onéreux. Les fleurs n'ont qu'un seul objectif : attirer les insectes pollinisateurs. La chimie de l'attraction est un élément vital de la relation entre la plante et l'insecte. Certaines fleurs ont élaboré des arômes qui reproduisent l'odeur d'insectes spécifiques. Par exemple, le lis géant (*Victoria amazonica*) imite l'odeur phéromonale d'un coléoptère nocturne, qui pollinise la plante depuis des siècles. Les êtres humains ont également une longue tradition d'utilisation de l'arôme des fleurs pour attirer un compagnon – voilà pourquoi nous aimons les parfums.

Fruits et graines

On peut extraire des huiles essentielles de la peau de tous les agrumes. Elles existent également dans les baies de buissons comme le genièvre. Les fruits et les baies sont le résultat final du processus de floraison et développent un arôme pour inciter les animaux ou les oiseaux à les manger. Les graines sont indigestes et donc rejetées dans le sol où elles pourront germer.

Comment et où obtient-on les huiles essentielles ?

La production d'huiles essentielles implique un investissement considérable en temps, en travail et en savoir-faire. Les plantes sont cultivées, cueillies et traitées pour que les huiles soient extraites. Celles-ci sont ensuite expédiées, parcourant parfois de longues distances avant de parvenir au consommateur. Les huiles sont une ressource naturelle dont, comme toutes les cultures, les bonnes récoltes dépendent année après année du bon équilibre entre la composition du sol, le soleil et la pluie.

Beaucoup d'huiles essentielles viennent de contrées éloignées. Les plantes méditerranéennes ont besoin de soleil pour leur croissance.

Géographie

On trouve des huiles essentielles dans différentes variétés de plantes partout dans le monde. L'une des plus courantes est la famille botanique *Labiatae*, qui comprend nombre de plantes méditerranéennes comme le romarin, la marjolaine et la lavande. La plupart des huiles utilisées en aromathérapie proviennent de plantes cultivées en Europe méridionale et en Afrique du Nord, car elles nécessitent un soleil généreux pour produire leurs huiles. Dans ces régions poussent également des agrumes de la famille *Rutaceae*, dont les oranges, les citrons et les mandarines, fruits délicieux et dont la peau est riche en huiles essentielles.

Plus loin, on trouve les arbres, les fleurs et les épices d'Inde, notamment, pays producteur des huiles de jasmin, de santal, de cardamome et de patchouli. L'Indonésie fournit quelques-unes des huiles les plus insolites comme celle de vétiver au parfum de fumée, terreux. La meilleure huile de géranium vient de l'île de la Réunion, tandis que l'Australie est le plus grand

Les gousses de cardamome produisent une huile chaude, odorante et épicée.

L'Inde est un gros producteur d'épices, d'aromates et de parfums. Certaines des huiles les plus insolites viennent de ce grand continent.

producteur d'huile d'arbre à thé. Lorsque vous achetez une huile, consultez les fiches (pages 17 à 53) pour savoir d'où elle provient et quelle distance elle a parcourue !

Culture

La production d'huiles essentielles nécessite l'exploitation de plantes en grande quantité et, par conséquent, des surfaces de culture très étendues. Il faut, par exemple, environ une demi-tonne de lavande pour obtenir à peine un litre d'huile essentielle. Les champs de lavande doivent donc couvrir un grand nombre d'hectares.

Des huiles comme celle de vétiver sont élaborées dans des pays en développement dans lesquels la production est essentiellement manuelle et les techniques traditionnelles.

La cueillette est souvent le travail le plus ardu, quand les plantes ne peuvent être récoltées mécaniquement. En Bulgarie, les roses sont ramassées à la main : il faut environ 50 à 100 roses pour une goutte d'huile essentielle.

En Australie, la production d'huile essentielle est beaucoup plus mécanisée : l'huile d'arbre à thé y est produite à grande échelle dans des plantations où l'on utilise des machines modernes pour la cueillette.

Méthodes d'extraction

Les huiles essentielles sont conservées dans des poches ou cellules spécialisées microscopiques à l'intérieur des tissus mêmes de la plante. On utilise différentes techniques d'extraction de l'huile :

Distillation : les matériaux végétaux sont passés à la vapeur à forte pression, libérant les gouttelettes d'huile essentielle. La vapeur odorante est refroidie et se condense en eau ; l'huile flottant à la surface est ensuite écumée. Cette technique est utilisée pour l'extraction de la plupart des huiles, dont celle de lavande et de romarin.

Expression : l'huile est extraite simplement par le pressage de la peau de l'agrume.

Extraction par solvant : on utilise des solvants chimiques pour dissoudre les composés aromatiques des tissus délicats de la plante. L'extrait est raffiné pour produire un « absolu ». L'huile de jasmin est produite par ce procédé.

À quoi servent les huiles essentielles ?

Depuis quelques années, l'aromathérapie connaît un grand succès et nous sommes de plus en plus nombreux à utiliser les huiles essentielles. Vous serez peut-être surpris de découvrir que l'utilisation des huiles est très ancienne, en aromathérapie comme dans d'autres domaines.

Les anciens Égyptiens – hommes et femmes – se parfumaient le corps et les cheveux avec des essences aromatiques.

Parfumerie

Les huiles essentielles sont les ingrédients de base des formules de parfum depuis l'invention, au début du XIe siècle, d'une forme de distillation par Avicenne, parfumeur, mystique et herboriste arabe. Bien avant cette découverte, les huiles essentielles étaient déjà extraites par enfleurage, méthode qui consistait à disposer la matière végétale aromatique sur des châssis enduits de graisse puis chauffés au four ou laissés au soleil. On filtrait ensuite la graisse fondue et on la laissait reposer ; l'« onguent » solide ainsi obtenu s'utilisait pour parfumer la peau et les cheveux.

Autrefois, seuls les plus fortunés pouvaient s'offrir les extraits rares et coûteux. Les parfums étaient un signe de richesse et de statut social. Au début du XXe siècle, les arômes synthétiques se développèrent, ce qui impliqua que l'on pouvait désormais reproduire les formules ; c'est pourquoi aujourd'hui les parfums peuvent être produits en grande quantité. Les huiles essentielles naturelles et les extraits aromatiques sont toujours utilisés pour créer de nouveaux parfums, qui sont ensuite reproduits synthétiquement.

La menthe est utilisée pour aromatiser la confiserie, notamment les chocolats.

Arômes alimentaires

Beaucoup d'aliments et de boissons sont aromatisés avec des huiles essentielles, par exemple la menthe et les essences d'agrumes dans le chocolat et autres confiseries. Nombre de ces huiles servent cependant à donner une saveur, un parfum « naturel » aux aliments. Elles sont utilisées dans les viandes en conserve, les boissons alcoolisées, les condiments et les sauces. Les quantités d'huiles sont très faibles et sont l'objet d'une grande surveillance pour répondre aux normes de sécurité en matière de consommation, car elles sont très concentrées. En aromathérapie, il ne faut jamais les avaler. (*Voir* « Précautions d'emploi des huiles essentielles », pages 14-15.)

Produits pharmaceutiques

L'huile de menthe est utilisée dans de nombreuses denrées alimentaires ainsi que dans certains produits pharmaceutiques, comme le dentifrice. Parmi les huiles à applications pharmaceutiques figurent le camphre et l'eucalyptus qui entrent dans la composition de médicaments antitussifs, de pommades pour les frictions de la poitrine et de crèmes contre les douleurs musculaires vendus en pharmacie. Nombre de laboratoires pharmaceutiques les comptent parmi leurs spécialités.

Aromathérapie

À peine cinq à dix pour cent des tonnes d'huiles essentielles qui sont produites chaque année sont utilisées en aromathérapie ; ce qui surprend souvent ceux qui ne connaissent les huiles essentielles qu'à travers l'aromathérapie, sans savoir qu'elles sont largement utilisées dans d'autres domaines.

En aromathérapie, il est impératif qu'elles soient entièrement naturelles, et non adultérées par l'ajout de substances synthétiques ; les fournisseurs sérieux les achètent directement à ceux qui les cultivent.

Les huiles essentielles, par exemple celles d'agrumes comme l'orange, sont souvent utilisées comme arômes et agents conservateurs dans la nourriture.

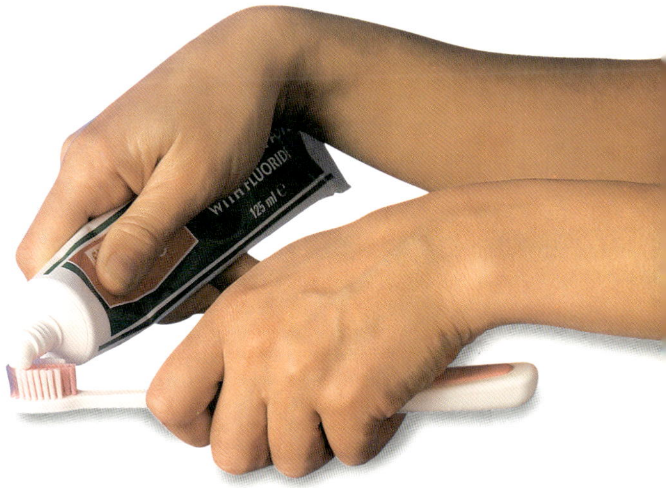

Dans le monde entier, les huiles, par exemple celles de menthe ou de fenouil, servent à aromatiser différentes sortes de dentifrice.

Précautions d'emploi des huiles essentielles

Les huiles essentielles sont entièrement naturelles. Toutefois, il est important de savoir qu'elles sont très concentrées et doivent être utilisées avec précaution. Ces instructions vous aideront à faire un bon usage des huiles dans des situations spécifiques. Si vous souffrez de troubles physiques ou psychologiques, consultez votre médecin traitant ; les huiles essentielles ne doivent en aucun cas se substituer à un traitement médical.

Ne pas absorber

Voici la règle la plus importante en matière de sécurité : n'ingérez pas d'huiles essentielles, sauf sur prescription d'un thérapeute compétent. En raison de leur extrême concentration, elles peuvent être toxiques. Si vous avez avalé accidentellement de l'huile essentielle, ayez immédiatement recours à une assistance médicale.

Conseils aux femmes enceintes

Pendant la grossesse, la période de lactation et l'allaitement, il est particulièrement important de ne pas absorber d'huiles essentielles. Celles que vous utilisez en massage ou dans un bain doivent être largement diluées. Lorsque vous faites un des mélanges décrits dans cet ouvrage, divisez par deux la quantité indiquée. Nous vous conseillons de ne prendre que des huiles issues de fleurs et de fruits, plus douces. Il est préférable de prendre conseil auprès d'un thérapeute qualifié ou d'un pharmacien.

Les femmes enceintes ou allaitant doivent être très prudentes en utilisant des huiles essentielles.

Précautions pour la peau

Les huiles essentielles, très concentrées, doivent toujours être diluées dans une huile de base, d'amande douce ou de pépin de raisin, avant d'être appliquées (elles sont insolubles dans l'eau). Si vous n'avez pas la peau sensible (tendance aux réactions allergiques), vous pouvez utiliser pure la lavande ou l'arbre à thé pour des soins d'urgence (2 gouttes sur un coton à appliquer sur la zone à traiter). Si vous êtes sensible aux fruits à écale (noix, noisettes, amandes…), évitez l'huile d'amande douce et remplacez-la par de l'huile de pépin de raisin.

Huiles photosensibles

Les huiles essentielles d'agrumes – bergamote, pamplemousse, orange, citron, lime

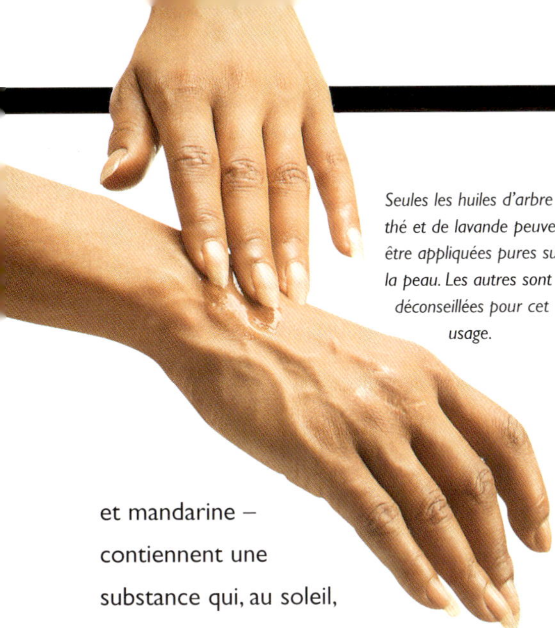

Seules les huiles d'arbre à thé et de lavande peuvent être appliquées pures sur la peau. Les autres sont déconseillées pour cet usage.

et mandarine – contiennent une substance qui, au soleil, peut provoquer des réactions cutanées. Après un massage d'huiles d'agrumes, évitez de vous exposer à des rayons UV trop forts ou de prendre un bain de soleil dans les douze heures qui suivent. Cette précaution ne concerne pas les inhalations ni les diffusions.

Hypertension artérielle

Certaines huiles essentielles très stimulantes sont à éviter si vous souffrez d'hypertension. C'est le cas de la menthe poivrée et du romarin. Des huiles apaisantes comme la lavande ou l'ylang-ylang sont préférables.

Épilepsie et asthme

L'huile de romarin est susceptible d'augmenter légèrement la fréquence des crises d'épilepsie, ne l'utilisez pas si vous souffrez de cette maladie. Des huiles apaisantes comme le santal, le néroli ou l'orange, sont mieux adaptées. (Ne jamais appliquer d'huile pendant une crise.) Si vous avez de l'asthme, il est préférable de ne pas faire d'inhalations avec des huiles – utilisez-les plutôt dans un bain ou en massage, après avoir consulté un pharmacien ou un médecin.

Bébés et enfants

Le dosage correct des huiles essentielles est d'une importance primordiale à cause de la peau délicate des jeunes enfants. Suivez les recommandations suivantes :

Bébés jusqu'à 30 mois : une goutte de camomille romaine, de rose otto ou de lavande dans 20 ml d'huile d'amande douce (huile de base) pour les soins habituels de la peau et le massage du bébé.

Enfants de 30 mois à 12 ans : divisez par deux les quantités indiquées dans cet ouvrage. S'il s'agit d'un nombre impair de gouttes, arrondissez à la moitié inférieure.

Enfants de plus de 12 ans : mêmes dilutions que pour les adultes.

Dans tous les cas, ne laissez pas d'huile essentielle à la portée des enfants.

Peau matures

Lorsque la peau est délicate, translucide, avec les veines apparentes, divisez par deux les quantité indiquées pour les mélanges décrits, afin que la peau soit nourrie en douceur.

L'usage des huiles essentielles doit être très prudent chez les enfants de moins de 12 ans.

Utilisation des huiles essentielles en aromathérapie

Le sens d'aromathérapie est clair : les « arômes » sont les fragrances des huiles essentielles et la « thérapie », la manière dont on les utilise pour soulager des symptômes physiques et stimuler le bien-être mental. Il y a diverses façons simples d'utiliser les huiles essentielles : dans le bain, en inhalation et en massage.

Bains

Pour un bain de 20 minutes qui vous aidera à soulager la tension et le stress, remplissez la baignoire d'eau à une température agréable. Diluez dans 20 ml de lait, d'huile végétale ou d'huile de bain non parfumée 4 gouttes maximum d'huile essentielle, si vous n'en prenez qu'une, ou 3 gouttes de chaque, si vous en utilisez deux. Agitez doucement l'eau pour disperser le mélange avant d'entrer dans le bain. Si vous avez une peau sèche ou sensible, diluez les huiles essentielles dans du lait entier. Voici un mélange simple, relaxant : 3 gouttes de lavande et 3 de santal.

Inhalation

Cette méthode aide à soulager les rhumes, la grippe ou les sinusites. Prenez un grand récipient, que vous remplissez à moitié d'eau frémissante. Versez-y 2 gouttes d'eucalyptus et 2 d'arbre à thé, puis couvrez-vous la tête avec une serviette et inhalez la vapeur aromatique pendant 15 à 20 minutes. Enlevez vos lunettes pour qu'elles ne s'embuent pas ou vos verres de contact pour qu'ils ne vous irritent pas les yeux.

Une inhalation peut aider à soulager un rhume ou à débloquer les sinus. Soyez très prudent avec l'eau bouillante.

Diffusion

Chauffez doucement les diffuseurs pour que l'huile essentielle s'évapore et répande son arôme. Vous pouvez acheter un brûle-parfum en céramique avec de petites bougies ou l'un des nombreux modèles électriques que l'on trouve dans le commerce. Suivez les instructions du fabricant lorsque vous utilisez les huiles ; en règle générale, 4 gouttes d'une seule huile ou 3 de chaque, si vous en prenez deux, suffiront à embaumer une pièce pendant deux heures. Vous pouvez utiliser des huiles d'arbre à thé et de citron pour supprimer les mauvaises odeurs ou choisir un parfum que vous aimez pour créer une atmosphère suivant votre humeur.

Un diffuseur d'arôme électrique aide à soulager des problèmes respiratoires ; il peut rester branché sans danger.

Massage

Les huiles essentielles de massage doivent être diluées dans une huile de base, c'est-à-dire une huile végétale, telle que celle de pépin de raisin, d'amande douce ou de jojoba. La plupart des mélanges destinés aux massages décrits ici sont basés sur cette formule : 10 gouttes d'huile essentielle pour 20 ml (4 cuillerées à café) d'huile de base. Le mélange doit être conservé dans une bouteille en verre propre. Agitez-la avant de l'utiliser. Ce dosage est adapté à la plupart des peaux et suffit pour un massage corporel intégral, à l'exception du visage. Pour

Comptez bien les gouttes d'huiles essentielles lorsque vous faites vos mélanges. C'est primordial lorsqu'ils sont destinés aux enfants.

une peau sensible, très jeune ou une peau mature, 5 gouttes pour 20 ml suffisent. (*Voir* « Mélanges spéciaux pour le massage », pages 56-57.) Vos mélanges se conservent au plus quatre semaines. Si vous souhaitez utiliser des quantités plus importantes, prenez 40 ml d'huile de base et doublez la quantité d'huile essentielle dans la formule de mélange.

Sélection d'huiles essentielles

Vous trouverez dans cette partie 36 huiles essentielles, classées selon les parties de la plante dont elles sont extraites. Chaque fiche contient des informations essentielles et l'indication des mélanges que vous pourrez essayer pour soulager des troubles physiques et apaiser des états émotionnels et mentaux.

Huiles extraites de racines

Ces huiles dispensent généralement une énergie équilibrante et stabilisante. Initialement, leur fonction est de protéger et de fortifier les plantes qui les produisent.

Gingembre

Zingiber officinale

Le gingembre, au goût relevé, produit une huile échauffante et épicée ; peut augmenter l'énergie.

Description de la plante : le gingembre est un élément essentiel dans les recettes de cuisine indiennes et chinoises. Il est également utilisé en médecine traditionnelle chinoise pour les problèmes digestifs et circulatoires. Les racines de gingembre sont séchées avant distillation ; ce qui signifie que l'huile essentielle a une odeur moins prononcée que les racines fraîchement coupées.

Le gingembre est utilisé depuis des siècles dans la médecine traditionnelle chinoise pour stimuler la digestion et la circulation.

Précaution d'emploi : déconseillé sur le visage et le cou.

Parfum : de terre sèche ; odeur plus forte et plus épicée en se dissipant, laissant une douceur persistante.

Principales indications : soulage l'indigestion ; réchauffe et apaise les douleurs musculaires ; améliore la circulation ; augmente l'énergie.

Suggestions de mélanges : contre l'indigestion, diluez 2 gouttes de menthe, 3 de gingembre et 5 de citron dans 20 ml d'huile de base et massez doucement l'abdomen.

Pour soulager les douleurs, prenez un bain avec 4 gouttes de lavande et 2 de gingembre.

Pour activer une mauvaise circulation, frictionnez-vous avec un mélange de 6 gouttes de poivre noir et 4 de gingembre dans 20 ml d'huile de base. Vous observerez que la zone que vous venez de masser devient un peu rouge – cela signifie que la circulation s'est améliorée.

Le vétiver est une plante dont le commerce est très prospère en Indonésie ; c'est aussi une huile essentielle précieuse.

Vétiver

Vetiveria zizanoides

Description de la plante : le vétiver vient principalement d'Indonésie où on l'appelle *akar wangi*. C'est une plante tropicale résistante qui a une grande importance économique pour les cultivateurs. Les feuilles supérieures servent à fabriquer des nattes et des fibres, tandis que les racines aromatiques sont récoltées pour la distillation. Le vétiver est également cultivé sur l'île de la Réunion.

Précaution d'emploi : aucune contre-indication.

Parfum : insolite, profond, terreux, de fumée, lourd et chaud.

Principales indications : réchauffe et soulage les douleurs, en particulier le mal de dos ; améliore la circulation ; calme les douleurs menstruelles ; aide à stabiliser et à harmoniser les émotions dans des situations de stress extrême.

Suggestions de mélanges : le vétiver a un arôme intense, aussi 2 gouttes suffisent-elles pour un mélange. Contre les douleurs et les problèmes circulatoires, faites un massage quotidien avec 2 gouttes de vétiver, 3 de gingembre et 5 de lavande diluées dans 20 ml d'huile de base.

Pour soulager les douleurs menstruelles, frictionnez le bas-ventre deux fois par jour avec un mélange de 8 gouttes de marjolaine et 2 de vétiver dans 20 ml d'huile de base.

En cas d'instabilité émotionnelle, prenez un bain avec 1 goutte de vétiver, 1 de néroli et 3 de lavande. Vous pouvez aussi diluer ces essences dans 10 ml d'huile de base et vous frictionner doucement après le bain.

En cas de mal de dos, massez-vous avec du vétiver pour soulager la douleur. Sa senteur réchauffante apaise également l'esprit et les sens.

Angélique

Angelica archangelica

Toutes les parties de l'angélique sont aromatiques. Cependant, on utilise la racine de la plante pour la distillation de l'huile.

Description de la plante : l'angélique occupe une place de choix dans l'herboristerie occidentale, depuis le Moyen Âge ; elle est aujourd'hui cultivée dans des pays comme la France, l'Allemagne et la Hongrie en vue de l'extraction de l'huile essentielle. La plante entière est aromatique. Elle peut atteindre 2 mètres et porte de grandes inflorescences, constituées de minuscules fleurs. La racine astringente est utilisée depuis des siècles en phytothérapie comme dépuratif et détoxiquant.

Précaution d'emploi : l'huile essentielle d'angélique est photosensible. Évitez de vous exposer directement au soleil ou de prendre un bain de soleil dans les douze heures qui suivent l'application sur la peau.

L'angélique a de magnifiques inflorescences sphériques, constituées de milliers de minuscules fleurs. Aujourd'hui, l'angélique est cultivée spécialement pour en extraire l'huile essentielle.

Parfum : suave et anisé, avec une note riche, chaude et épicée en se dissipant.

Principales indications : soulage les douleurs musculaires, rhumatismales et arthritiques ; combat les problèmes d'indigestion, de flatulence et de manque d'appétit ; c'est un tonique et un revitalisant général, surtout au printemps.

Suggestions de mélanges : contre les douleurs musculaires, ajoutez 2 gouttes d'angélique, 2 de vétiver et 5 de lavande dans 20 ml d'huile de base et appliquez ce mélange sur la zone à traiter en massant doucement.

Pour soulager les problèmes digestifs, massez l'abdomen avec 3 gouttes de menthe, 4 de gingembre et 3 d'angélique diluées dans 20 ml d'huile de base.

Voici un « mélange printanier » pour stimuler et tonifier le corps et l'esprit : 2 gouttes d'angélique, 3 de genévrier et 5 de pamplemousse dans 20 ml d'huile de base, en friction vigoureuse après le bain.

Curcuma

Curcuma longa/Curcuma domestica

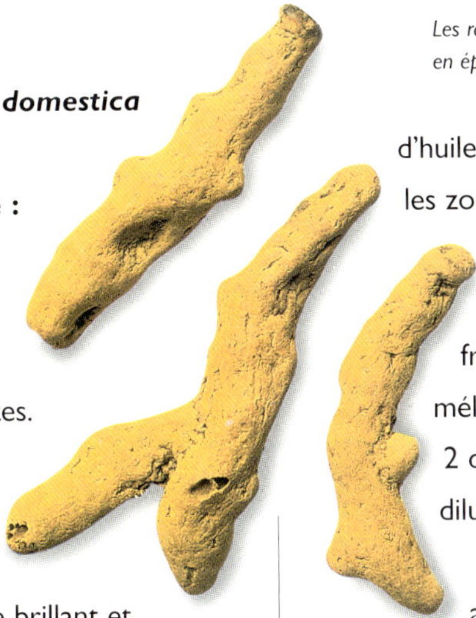

Les racines du curcuma ont de multiples usages : en épice dans la cuisine ou comme huile essentielle.

Description de la plante : le curcuma ressemble au gingembre, avec de grandes pousses et d'abondantes feuilles élégantes. Il appartient à la même famille botanique. Les racines, extrêmement aromatiques, sont d'un jaune brillant et sont utilisées pour colorer les currys. Les racines sont nettoyées et séchées au soleil, puis moulues pour être utilisées comme épices ou distillées pour produire l'huile. L'Inde, la Chine et l'Indonésie en sont les principaux producteurs.

Précaution d'emploi : aucune contre-indication.

Parfum : sec, terreux, évoquant une plante ; épicé et suave en s'évaporant.

Principales indications : soulage le mal de dos et les douleurs musculaires ; améliore la circulation ; stimule la digestion, calme les crampes d'estomac et la constipation. Très équilibrant, le curcuma aide à se recentrer lorsque les émotions sont exacerbées ; réchauffe et revitalise le corps.

Suggestions de mélanges : contre les douleurs, diluez 4 gouttes de curcuma, 4 de gingembre et 2 de vétiver dans 20 ml d'huile de base et massez en douceur les zones sensibles.

Pour soulager les crampes d'estomac et l'indigestion, frictionnez l'abdomen avec un mélange de 4 gouttes de curcuma, 2 de lemon-grass et 4 de gingembre diluées dans 20 ml d'huile de base.

Pour les tensions émotionnelles, ajoutez 1 goutte de curcuma, 2 de néroli et 2 de gingembre dans un bain chaud et détendez-vous pendant vingt minutes. Après le bain, vous pouvez vous masser avec ces mêmes essences diluées dans 10 ml d'huile de base.

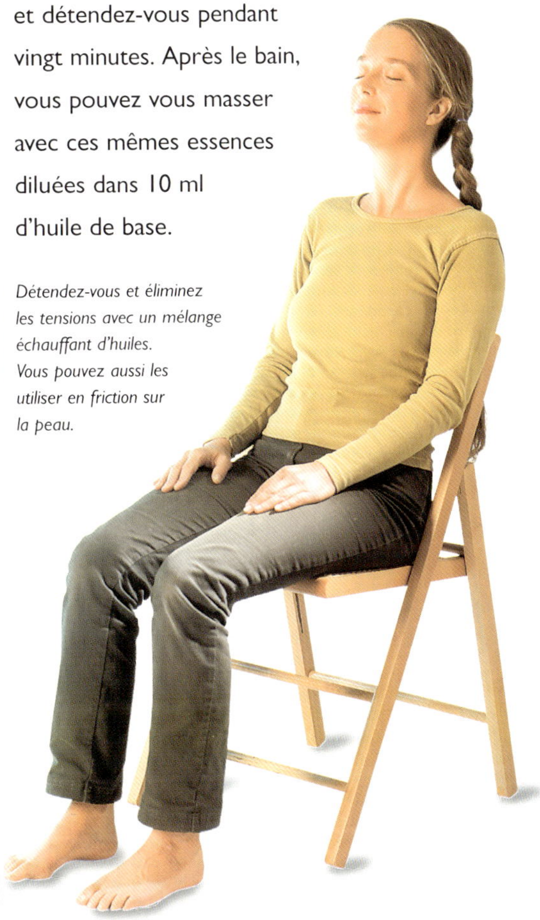

Détendez-vous et éliminez les tensions avec un mélange échauffant d'huiles. Vous pouvez aussi les utiliser en friction sur la peau.

Huiles extraites de bois

Ces huiles sont contenues dans le bois de cœur aromatique des troncs et des branches, au centre de l'arbre en croissance. L'énergie de ces huiles est plus large et aide à respirer profondément.

Santal
Santalum album

Description de la plante : le bois de santal de qualité supérieure vient de la région de Mysore, en Inde, près de Bangalore. Il faut environ trente ans au bois pour mûrir et atteindre pleinement son potentiel aromatique ; c'est pourquoi la plantation et la cueillette se pratiquent en alternance et font l'objet d'une surveillance attentive. Le bois est utilisé pour la distillation de l'huile. On le réduit en poudre pour fabriquer des bâtons d'encens et des cosmétiques ; on en fait également des statues et des boîtes sculptées.

Précaution d'emploi : aucune contre-indication.

Parfum : cette magnifique huile doit être épaisse, d'une couleur dorée ; parfum d'abord subtil, qui s'approfondit et devient riche, boisé, épicé et doux en se dissipant.

Principales indications : soulage la toux de poitrine, les rhumes, les angines ; apaise la peau sèche, crevassée et améliore le grain de tous les types de peau ; allège la dépression, apaise les sentiments d'anxiété et de panique.

Suggestions de mélanges : contre la toux, 3 gouttes de santal, 3 de cèdre et 4 de citron dans 20 ml d'huile de base, en massage sur la poitrine.

Pour un soin régénérant de la peau, ajoutez 6 gouttes de santal, 2 de patchouli et 2 de rose dans 20 ml d'huile de jojoba ; à appliquer le soir sur le visage.

Pour calmer l'anxiété ou la dépression, versez 3 gouttes de santal et 2 d'orange dans un bain chaud et détendez-vous pendant vingt minutes. Ajoutez ces essences à 10 ml d'huile de base et massez-vous la peau après le bain.

Le santal procure un état de paix et calme le corps et l'esprit. Il convient également aux peaux sensibles.

Les cèdres sont des arbres immenses et majestueux, qui dégagent une merveilleuse senteur. L'huile vient du bois de cœur rouge.

Cèdre de l'Atlas

Cedrus atlantica

Description de la plante : ces grands cèdres majestueux sont originaires des montagnes de l'Atlas, au Maroc. De large envergure, pareils à une tente, ils peuvent atteindre 30 mètres. Une odeur délicieuse flotte autour de ces arbres, qui vient de l'huile essentielle contenue dans le bois de cœur rouge. Les Égyptiens s'en servaient beaucoup pour fabriquer des meubles et construire des navires, car ce bois offre une grande résistance aux insectes. Il était également apprécié pour sa beauté.

Précaution d'emploi : à éviter pendant la grossesse et avec une peau très sensible.

Parfum : fort et frais, avec une tonalité suave et boisée.

Principales indications : soulage la bronchite, les infections pulmonaires, la toux ; convient pour les gerçures, l'eczéma, l'acné et la peau grasse ; calme les sensations de panique, apaise et aide à respirer profondément en cas de stress.

Suggestions de mélanges : contre les problèmes pulmonaires, 3 gouttes de cèdre, 3 de santal et 4 de citron dans 20 ml d'huile de base, en massage sur la poitrine. Pour la peau gercée, essayez 3 gouttes de cèdre, 2 d'encens et 5 de lavande dans 20 ml d'huile de base. Pour l'acné ou la peau grasse, 3 gouttes de cèdre, 5 de lavande et 2 d'arbre à thé dans 20 ml d'huile de jojoba, à utiliser comme démaquillant. Contre le stress, diffusez 2 gouttes de cèdre et 3 de lavande. Utilisez ces essences dans 10 ml d'huile de base pour masser la nuque et les épaules.

Les Égyptiens fabriquaient de splendides meubles aromatiques avec le bois de cèdre odorant.

Huiles extraites de résines

Ces substances aromatiques poisseuses, qui sont les constituants de l'encens, suintent de l'écorce de certains arbres, les protégeant des agressions. On peut les utiliser pour soigner la peau.

La substance obtenue est le « véritable » encens de l'Antiquité, brûlé depuis des siècles dans les lieux de culte.

Encens

Boswellia carterii var. thurifera

Description de la plante : l'encens (ou oliban) est un arbuste du désert aux feuilles délicates et à l'écorce blanchâtre ressemblant à du papier. Depuis les temps les plus reculés, cette essence est brûlée dans les cérémonies religieuses. Les plantations des pharaons étaient l'un des biens les plus précieux d'Égypte, et l'encens s'utilisait pour l'embaumement. On incisait l'écorce pour en extraire la gomme. On brûle toujours cette résine pour son parfum et on la distille pour en extraire l'huile, principalement en Somalie et à Oman.

Précaution d'emploi : faire un test sur les peaux très sensibles.

La gomme d'encens forme des « larmes » ou granules qui s'écoulent de l'écorce de l'arbre lorsqu'on l'entaille.

Parfum : d'abord frais et fort ; s'approfondit avec des notes boisées, résineuses, douces.

Principales indications : désinfecte et cicatrise les coupures, les blessures, l'eczéma et la peau abîmée ; tonifie et revitalise tous les types de peau, en particulier les peaux matures ; calme la toux pulmonaire ou la bronchite ; apaise l'anxiété et le stress.

Suggestions de mélanges : voici un bon mélange cicatrisant pour la peau : 4 gouttes d'encens, 2 de lavande et 4 de cèdre dans 20 ml d'huile de base ; à appliquer deux fois par jour sur la zone à traiter. Un tonique pour les peaux matures : 4 gouttes d'encens, 3 de néroli et 3 de rose dans 20 ml d'huile de jojoba. Contre la toux pulmonaire, faites une inhalation avec 3 gouttes d'encens et 3 de cèdre. Pour relâcher le stress et vous aider à vous détendre, diffusez 3 gouttes d'encens et 4 de pamplemousse.

Myrrhe

Commiphora myrrha

La gomme de myrrhe est de couleur rouge orangé ; elle était utilisée dans l'ancienne Égypte pour l'embaumement.

Description de la plante : le balsamier est un arbrisseau épineux qui pousse sous des climats arides, en Somalie et en Arabie, et dont l'écorce friable ressemble à du papier. La gomme rougeâtre s'écoule lorsque l'écorce est craquelée ou qu'on l'incise. La myrrhe est soluble dans l'eau et s'utilise pour tonifier les dents et les gencives, depuis l'époque d'Hippocrate (469-399 av. J.-C.), père de la médecine occidentale. La myrrhe, à l'instar de l'encens, est réputée comme cicatrisant et était utilisée par les Égyptiens pour l'embaumement.

Précaution d'emploi : à éviter pendant la grossesse.

Parfum : sec, fort et subtil, s'approfondit progressivement pour révéler des notes riches, suaves et épicées.

Principales indications : désinfecte et cicatrise les coupures profondes, les plaies, la peau gercée, l'eczéma ; purifie et désinfecte la bouche, calme les gencives douloureuses et les aphtes ; soulage la bronchite, la toux pulmonaire ; apporte un réconfort et apaise un état de grande anxiété.

Suggestions de mélanges : pour régénérer une peau abîmée, ajoutez 3 gouttes de myrrhe, 4 d'arbre à thé et 3 d'encens dans 20 ml d'huile de base ; à appliquer deux à trois fois par jour. Pour les problèmes buccaux, ajoutez 2 gouttes de myrrhe dans un verre d'eau, agitez fortement ; en bain de bouche (ne pas avaler). Contre la toux pulmonaire, ajoutez 3 gouttes de myrrhe, 3 d'encens et 4 de cèdre dans 20 ml d'huile de base et massez la poitrine, en particulier le soir. Pour éliminer le stress, versez 2 gouttes de myrrhe et 3 de géranium dans un bain et détendez-vous.

La myrrhe, en bain de bouche, aide à garder les dents et les gencives saines. Attention de ne pas l'avaler !

Huiles extraites de feuilles

Ces huiles sont contenues dans les feuilles qui fournissent la nourriture à la plante. Elles protègent la surface des feuilles des champignons et des bactéries.

Marjolaine

Origanum marjorana

La marjolaine dégage une odeur agréable, boisée. L'arôme se dissipe relativement vite.

Description de la plante : la marjolaine est fréquemment utilisée dans la cuisine depuis des siècles. C'est une plante basse aromatique à petites feuilles gris-vert et minuscules fleurs blanches. Originaire des régions méridionales, elle pousse facilement dans toute l'Europe, pour peu qu'elle soit dans un endroit abrité et ensoleillé. L'huile essentielle est produite en France. Il ne faut pas la confondre avec l'essence d'origan aux propriétés différentes.

Précaution d'emploi : à éviter pendant la grossesse.

Parfum : chaud, boisé, rappelle un peu le camphre ; devient graduellement sucré et doux.

Principales utilisations : apaise les douleurs musculaires, les raideurs, les entorses ; soulage les douleurs menstruelles et atténue les sautes d'humeur ; calme la migraine, les maux de tête et la tension nerveuse.

Suggestions de mélanges : contre les douleurs musculaires, ajoutez 4 gouttes de marjolaine, 4 de gingembre et 2 de vétiver dans 20 ml d'huile de base ; en massage.

Pour soulager les symptômes prémenstruels, massez l'abdomen avec 4 gouttes de marjolaine, 4 de lavande et 2 de vétiver dans 20 ml d'huile de base.

Contre les maux de tête et la tension nerveuse, ajoutez 4 gouttes de marjolaine, 2 de menthe et 4 de lavande dans 20 ml d'huile de base ; massez doucement le front, la nuque et les épaules.

L'huile de marjolaine peut apaiser les maux de tête et les problèmes menstruels.

Menthe poivrée

Mentha piperita

La menthe est une herbe très odorante qui pousse facilement et rapidement dans le jardin.

Description de la plante : la menthe poivrée est une plante haute, robuste et très envahissante. Elle s'étend rapidement grâce à un système radiculaire résistant ; dans un jardin, elle éliminera d'autres plantes plus fragiles si elle n'est pas contenue dans certaines limites. Les tiges carrées, dressées bien droit, portent des feuilles aromatiques vert sombre ; si on ne la taille pas, la plante produit des inflorescences allongées constituées de minuscules fleurs blanches. L'huile essentielle de menthe vient surtout des États-Unis.

Précaution d'emploi : à utiliser avec prudence. Si vous avez une peau sensible, divisez la quantité indiquée par deux, en raison du menthol contenu dans l'huile qui peut provoquer des irritations. À éviter pendant la grossesse et l'allaitement et durant un traitement homéopathique.

Parfum : pénétrant, frais, piquant et mentholé, avec ensuite des notes plus douces.

Principales indications : soulage les crampes d'estomac, l'indigestion, la constipation et la nausée ; les douleurs musculaires, les raideurs, le mal de dos ; calme les maux de tête et les migraines. Éclaircit l'esprit et améliore la concentration.

Suggestions de mélanges : pour soulager les symptômes de l'indigestion, massez l'abdomen avec 2 gouttes de menthe, 4 de gingembre et 4 de cardamome dans 20 ml d'huile de base.

Contre les douleurs, faites un massage quotidien avec 2 gouttes de menthe, 4 de romarin et 4 de poivre noir dans 20 ml d'huile de base. Contre les céphalées, ajoutez 2 gouttes de menthe et 3 de lavande dans 10 ml d'huile de base ; massez le front et la nuque.

Pour éclaircir l'esprit, diffusez 2 gouttes de menthe et 3 de citron.

Au bureau, diffusez de l'huile essentielle de menthe pour clarifier et stimuler votre mental.

Romarin

Rosmarinus officinalis

Le romarin est une herbe à la senteur tonifiante. Il s'utilise aussi bien en cuisine qu'en aromathérapie.

Description de la plante : romarin signifie « rosée de mer », un nom qui vient de son habitat d'origine, sur la côte sèche, sablonneuse de la mer Méditerranée. Aujourd'hui, la meilleure huile astringente vient toujours d'Espagne ou d'Afrique du Nord ; plus le climat est chaud et sec, meilleur est l'arôme. L'huile de romarin a une odeur similaire à celle de l'eucalyptus, car ces deux plantes contiennent la même substance odorante : l'eucalyptol.

Précaution d'emploi : le romarin est déconseillé aux personnes souffrant d'hypertension artérielle, car c'est une huile stimulante. Les personnes souffrant d'épilepsie doivent également l'éviter, de même que les femmes enceintes ou qui allaitent.

L'huile de romarin améliore la concentration et aiguise l'esprit. Très utile sur le lieu de travail.

Parfum : fort, camphré, frais et herbeux avec une nette tonalité d'eucalyptus.

Principales indications : soulage les douleurs musculaires, le mal de dos, la mauvaise circulation ; stimule le cuir chevelu et combat les pellicules ; dégage le nez bouché en cas de rhume, de grippe ou de sinusite ; stimule l'esprit et réveille le mental.

Suggestions de mélanges : contre les douleurs et la mauvaise circulation, essayez 4 gouttes de romarin, 2 gouttes de lemon-grass et 4 gouttes de muscade dans 20 ml d'huile de base.

Comme tonique capillaire, ajoutez 5 gouttes de romarin et 5 gouttes d'arbre à thé dans 20 ml de shampooing non parfumé, puis lavez-vous les cheveux comme d'habitude.

Pour vous aider à respirer si vous avez un rhume ou la grippe, versez 3 gouttes de romarin et 3 gouttes d'arbre à thé dans un bol d'eau bouillante et inhalez les vapeurs pendant 20 minutes. Pour stimuler l'esprit, diffusez 3 gouttes de romarin et 3 gouttes de menthe.

Cyprès

Cupressus sempervivens

Description de la plante : les cyprès élancés à feuilles persistantes sont d'élégantes silhouettes dans les paysages d'Italie, de France, d'Espagne et du Portugal. Le nom latin *sempervivens* signifie « toujours vert », en référence à la longue vie de l'espèce. Ils sont souvent plantés en bordure d'habitations ou d'églises, symbolisant la vie éternelle. L'huile provient des jeunes branches et des feuilles, qui sont très aromatisées. La distillation a lieu surtout en France ou en Espagne.

Précaution d'emploi : aucune contre-indication.

Parfum : terreux, de fumée, vert avec des notes camphrées et douces.

Principales indications : purifie la peau grasse et les pores obstrués ; améliore la circulation lymphatique et combat la cellulite ; calme la toux spasmodique et la bronchite ; apaise les angoisses.

Les silhouettes sombres et élancées des cyprès se détachent nettement dans un paysage méditerranéen.

Suggestions de mélanges : pour la peau grasse : 3 gouttes de cyprès, 3 gouttes d'arbre à thé et 4 gouttes de pamplemousse dans 20 ml d'huile de jojoba pour nettoyer et apaiser la peau.

Contre la cellulite, essayez un mélange de 4 gouttes de cyprès, 4 de pamplemousse et 2 de genièvre dans 20 ml d'huile de base ; massez vigoureusement, une fois par jour, les zones à traiter.

Pour calmer la toux spasmodique, faites une inhalation avec 3 gouttes de cyprès et 2 de cèdre deux fois par jour ; vous pouvez aussi utiliser ces essences dans 10 ml d'huile de base, en friction sur la poitrine.

Lorsque vous êtes à bout ou stressé, prenez un bain relaxant avec 3 gouttes de cyprès et 3 de lavande, et détendez-vous profondément.

L'huile essentielle de cyprès convient en soin apaisant pour une peau grasse ou à problèmes.

Petit grain (oranger amer)

Citrus aurantium var. amara

Contrairement à la plupart des huiles d'agrumes, le petit grain n'est pas photosensible.

Description de la plante : il existe trois types d'huile produits à partir de l'oranger amer. Le petit grain est extrait des feuilles de l'oranger amer, l'essence d'orange amère est obtenue par pression de la peau du fruit, et le néroli est extrait des fleurs de l'oranger amer ou du bigaradier. Les feuilles de l'oranger contiennent de minuscules sacs d'huile essentielle visibles à l'œil nu (comme des grains) lorsqu'on tient la feuille au soleil. Cette huile est un composant traditionnel de l'eau de Cologne, très connue depuis le XVIIIe siècle. L'huile de petit grain est produite essentiellement en France et au Paraguay.

Précaution d'emploi : aucune contre-indication. (Contrairement à l'orange, cette huile n'est pas photosensible.)

Parfum : vert, frais, aigre-doux, avec une pointe de citron.

Principales indications : tonifie, rafraîchit et unifie les peaux grasses et mixtes ; soulage les crampes d'estomac, l'indigestion et la flatulence ; calme l'esprit, relâche les tensions et la fatigue nerveuse.

Suggestions de mélanges : pour une peau grasse/mixte, ajoutez 4 gouttes de petit grain, 2 gouttes de patchouli et 4 gouttes de lavande dans 20 ml d'huile de jojoba ; à utiliser deux fois par jour pour nettoyer et apaiser la peau.

Pour soulager les crampes d'estomac, ajoutez 4 gouttes de petit grain, 2 gouttes de menthe et 4 gouttes de camomille romaine dans 20 ml d'huile de base et massez l'abdomen. (Pour les enfants n'utilisez que la moitié du nombre de gouttes dans 20 ml d'huile de base.)

Pour remédier au stress et calmer les nerfs, versez trois gouttes de petit grain et 3 gouttes de santal dans un bain chaud et détendez-vous.

Le petit grain donne une note parfumée à beaucoup d'eaux de Cologne d'autrefois.

Patchouli

Pogostemon cablin

Les feuilles de patchouli sont douces, veloutées et très aromatiques. Elles sont utilisées en Inde pour protéger les textiles des mites.

Description de la plante : le patchouli est originaire d'Inde et se présente sous la forme d'une huile épaisse ambrée à l'odeur très prononcée. Les feuilles de patchouli sont couvertes de milliers de poils minuscules qui leur donnent une texture veloutée. Ceux-ci contiennent des sacs microscopiques d'huile essentielle : lorsqu'on frotte une feuille, les doigts s'imprègnent d'une forte odeur. En Inde, les feuilles de patchouli servent à protéger le linge des mites et l'huile à repousser les insectes ; elle est également utilisée depuis longtemps comme antiseptique et pour traiter les problèmes cutanés.

Précaution d'emploi : aucune contre-indication.

Parfum : riche, velouté, musqué ; tonalités épicées, terreux et doux avec le temps.

Principales indications : apaise la peau gercée et sèche, ainsi que l'eczéma ; améliore le grain des peaux matures et sèches ; augmente l'énergie sexuelle et stimule la sensualité.

Suggestions de mélanges : pour la peau sèche, abîmée ou gercée, essayez 3 gouttes de patchouli, 3 gouttes de cèdre et 4 gouttes de camomille romaine dans 20 ml d'huile de jojoba, à appliquer sur la zone à traiter.

Pour améliorer le teint, ajoutez 3 gouttes de patchouli, 4 gouttes d'encens et 3 gouttes de santal dans 20 ml d'huile de base et massez en douceur le visage, en particulier le soir. (Ce mélange convient aussi bien aux hommes qu'aux femmes.)

Pour un mélange de massage sensuel, diluez 3 gouttes de patchouli, 2 gouttes de rose et 5 gouttes d'orange dans 20 ml d'huile de base.

Vous pouvez faire, avec le patchouli, un merveilleux mélange sensuel et relaxant. L'huile essentielle augmente et stimule l'énergie sexuelle.

Eucalyptus

Eucalyptus globulus

Description de la plante : il existe plus de 600 espèces d'eucalyptus. Plusieurs sortes d'huiles d'eucalyptus sont utilisées en aromathérapie, dont la plus courante est *Eucalyptus globulus.* Cet arbre à feuillage persistant, originaire d'Australie peut atteindre, à l'âge adulte, 90 mètres. Les feuilles aromatiques sont bleu-gris sur leur face externe et plus claires sur leur face interne. Les feuilles et l'huile essentielle sont très utilisées dans la pharmacopée traditionnelle de l'Australie depuis les premiers aborigènes, pour traiter la fièvre, les troubles respiratoires et les infections cutanées.

Précaution d'emploi : ne pas absorber ; il y a eu quelques cas d'intoxication grave. Sans danger sur la peau ou en inhalation. À éviter en cas d'hypertension.

L'eucalyptus est l'une des huiles les plus efficaces en inhalation pour les catarrhes.

L'eucalyptus est un arbre originaire d'Australie, au feuillage persistant d'une belle couleur bleu-gris.

Parfum : très frais et vivifiant, avec ensuite des notes plus boisées.

Principales indications : soigne les rhumes, la sinusite, les infections pulmonaires, dégage les voies respiratoires ; calme brûlures, coupures, plaies et piqûres d'insectes ; soulage les douleurs musculaires ; améliore la circulation ; stimule la concentration.

Suggestions de mélanges : contre les rhumes et les problèmes pulmonaires, faites une inhalation de 2 gouttes d'eucalyptus et 3 d'arbre à thé deux fois par jour. Ajoutez ces essences à 10 ml d'huile de base, en friction sur la poitrine.

Pour la peau lésée, ajoutez 2 gouttes d'eucalyptus, 3 d'arbre à thé et 5 de lavande dans 20 ml d'huile de base, appliquez deux fois par jour.

Contre les douleurs musculaires, ajoutez 3 gouttes d'eucalyptus, 4 de romarin et 3 de gingembre dans 20 ml d'huile de base, en massage.

Pour la concentration, diffusez 3 gouttes d'eucalyptus et 3 de romarin.

L'huile essentielle d'arbre à thé vient des feuilles de l'arbre ; elle est très pénétrante et antiseptique.

Arbre à thé

Melaleuca alternifolia

Description de la plante : l'arbre à thé est originaire d'Australie, où il a longtemps été utilisé par les aborigènes comme antiseptique. Le nom « arbre à thé » se réfère à l'habitude de boire une infusion de plantes comme boisson curative, pratique adoptée d'abord par les marins du navire du capitaine Cook au XVIIIe siècle. La production de cette huile est aujourd'hui une énorme entreprise commerciale : on trouve sur le marché une vaste gamme de produits dérivés de l'arbre à thé, du dentifrice à la poudre pour les pieds. C'est l'une des plantes les plus antiseptiques que l'on connaisse.

L'arbre à thé soulage la grippe. Respirez un mouchoir imbibé de cette essence, quand vous en avez besoin.

Précaution d'emploi : peut s'utiliser pure sans danger sur la peau (2 gouttes sur un coton, à appliquer sur la zone affectée), sauf pour les personnes à peau sensible ou à tendance allergique, qui doivent la diluer.

Parfum : de médicament, vert, camphré, pénétrant, fort.

Principales indications : s'utilise pour les infections de la peau, l'acné, le pied d'athlète ; cicatrise blessures et coupures ; apaise les piqûres d'insectes ; soulage la grippe, les rhumes, les bronchites ; renforce le système immunitaire.

Suggestions de mélanges : pour les infections de la peau, ajoutez 4 gouttes d'arbre à thé, 3 de santal et 3 de lavande dans 20 ml d'huile de base, à appliquer sur la zone affectée. Contre les problèmes pulmonaires, une inhalation avec 3 gouttes d'arbre à thé et 3 de citron deux fois par jour. Pour renforcer les défenses, versez 2 gouttes d'arbre à thé, 2 de bergamote et 1 de poivre noir dans un bain chaud. Ajoutez ces essences à 10 ml d'huile de base et frictionnez la poitrine. À faire quotidiennement lors d'une poussée de grippe.

Lemon-grass

Cymbopogon citratus

Description de la plante : le lemon-grass est une graminée tropicale originaire d'Inde ; une plante aromatique bien connue dans la cuisine indienne et thaïlandaise. En Inde, cette plante est utilisée dans la médecine traditionnelle pour faire tomber la fièvre et combattre les infections, mais aussi pour éloigner les insectes. Les feuilles sont coupées juste au-dessus du niveau du sol et, comme pour toutes les plantes, de nouvelles pousses sortent très vite de terre.

Le lemon-grass est une robuste plante tropicale aromatique. Elle doit toujours être diluée, même dans les mélanges pour le bain.

Précautions d'emploi : interdite aux jeunes enfants. Le lemon-grass pourrait irriter des peaux sensibles ou allergiques. Il est préférable de diminuer les quantités si votre peau est fragile.

Parfum : très fort arôme de « sorbet au citron », odeur à la fois piquante et suave, avec une tonalité un peu lourde.

Principales indications : soulage douleurs et raideurs musculaires ; apaise les crampes d'estomac, l'indigestion et la constipation ; dissipe la dépression, l'anxiété ; améliore l'humeur.

Suggestions de mélanges : contre les douleurs musculaires, diluez 2 gouttes de lemon-grass, 3 de romarin et 5 de cardamome dans 20 ml d'huile de base, en massage sur les zones sensibles.

Contre crampes d'estomac, constipation, diluez 2 gouttes de lemon-grass, 4 de coriandre et 4 de muscade dans 20 ml d'huile de base ; massez l'abdomen deux fois par jour.

Pour améliorer l'humeur et combattre le stress, diluez 2 gouttes de lemon-grass, 2 de rose et 6 d'encens dans 20 ml d'huile de base.

Le lemon-grass est un ingrédient très utilisé dans les plats thaïlandais. Son goût piquant relève agréablement un plat.

Palmarosa

Cymbopogon martini

La palmarosa aromatique est une autre plante cultivée en Inde. Son parfum est similaire à celui de l'huile de rose.

Description de la plante : la palmarosa est une autre graminée aromatique originaire d'Inde ; elle dégage un parfum franchement suave qui s'atténue ensuite. On s'en servait souvent autrefois pour adultérer ou diluer l'eau de rose pure, car son parfum ressemble à celui de la rose ; en outre, elle coûte moins chère à la production et on peut en obtenir de plus grandes quantités. La palmarosa a une odeur durable, c'est pourquoi elle est fréquemment employée en cosmétique pour les savons, les articles de toilette et les parfums.

Précautions d'emploi : aucune contre-indication.

Parfum : de longue tenue, suave, semblable à la rose, agréable, avec des tonalités légèrement citronnées.

Principales indications : apaise la peau irritée, l'acné, l'eczéma, les dermatites ; améliore le teint pour tous les types de peau, en particulier les peaux mixtes et matures ; calme la cystite et combat les infections de l'appareil urinaire ; détend les nerfs.

Suggestions de mélanges : pour une peau sensible ou irritée, diluez 3 gouttes de palmarosa et 2 de camomille romaine dans 20 ml d'huile de base (notez la faible dilution), à appliquer sur la zone à traiter.

Pour unifier et revitaliser le teint, diluez 4 gouttes de palmarosa, 3 d'encens et 3 de santal dans 20 ml d'huile de base et massez le visage, en particulier le soir.

Contre la cystite ou les troubles urinaires, ajoutez 3 gouttes de palmarosa, et 3 de santal à un bain chaud pour calmer la zone douloureuse. Pour vous remonter le moral, diluez 3 gouttes de palmarosa, 3 d'orange et 4 de pamplemousse dans 20 ml d'huile de base pour un massage doux exotique.

La palmarosa s'emploie en soin revitalisant pour tous types de peau. Elle apaise aussi les états survoltés.

Huiles extraites de fleurs

Voici quelques senteurs parmi les plus exquises que vous allez découvrir, celles que vous offrent les pétales, qui sont l'unique signal aromatique de la plante.

Lavande

Lavandula angustifolia

Description de la plante : l'huile de lavande est aujourd'hui abondamment produite au Royaume-Uni, dans le sud de la France, en Tasmanie, en Nouvelle-Zélande et en Bulgarie. Les champs de lavande violets forment un merveilleux paysage aromatique, bourdonnant d'abeilles et de papillons qui s'affairent à aspirer le sublime pollen. Les huiles de lavande ont des senteurs variables selon l'altitude où elles sont produites : les huiles de haute altitude ont des odeurs plus fortes et plus fraîches, celles de basse altitude sont plus suaves.

Précautions d'emploi : à éviter pendant les premiers mois de la grossesse. La lavande peut s'utiliser pure (2 gouttes sur un coton, à appliquer directement sur la zone à traiter).

Parfum : à dominante suave et florale, avec des notes camphrées et pénétrantes.

Principales indications : apaise les coupures, les brûlures, les blessures, les piqûres d'insecte, la peau douloureuse ; soulage les maux de tête, les migraines, les douleurs et les tensions musculaires ; calme la toux pulmonaire spasmodique ; diminue l'insomnie, la tension nerveuse et l'anxiété.

Suggestions de mélanges : contre les problèmes de peau, diluez 4 gouttes de lavande, 3 d'arbre à thé et 3 de camomille romaine dans 20 ml d'huile de base et massez doucement la zone à traiter.

Pour soulager les maux de tête, diluez 3 gouttes de lavande dans 5 ml d'huile de base ; massez le front et la nuque.

Contre la toux, faites deux fois par jour une inhalation avec 4 gouttes de lavande et 3 de cèdre.

En cas d'insomnie, diffusez 3 gouttes de lavande et 3 d'orange pour vous aider à vous endormir.

Les champs de lavande merveilleusement odorants sont d'un violet intense. Les abeilles et les papillons aiment en butiner les fleurs.

Géranium
Pelargonium graveolens

Les feuilles de géranium exhalent un fort parfum de rose.

Description de la plante : c'est un géranium tropical aux feuilles veloutées, dentelées. Lorsqu'on frotte les minuscules poils à la surface des feuilles, les doigts s'imprègnent d'une forte odeur rosée. Le géranium a des fleurs roses et peut atteindre un mètre. L'huile a une intense odeur florale. L'île de la Réunion produit la meilleure qualité d'huile. On en trouve aussi en Chine et en Égypte, mais elles ont un parfum plus lourd.

Précautions d'emploi : le géranium peut irriter les peaux sensibles.

Le géranium aide à garder un bon moral pendant la menstruation.

Parfum : rosé, suave et fort, avec une touche de citron et des notes fraîches, vertes.

Principales indications : apaise la peau gercée et enflammée, l'eczéma, les dermatites, l'acné et la peau congestionnée ou grasse ; soulage les symptômes prémenstruels, tels que le manque d'énergie, les ballonnements et la rétention d'eau ; calme les sautes d'humeur et aide à rétablir l'équilibre hormonal en cas de bouleversements émotionnels.

Suggestions de mélanges : contre les problèmes de peau, diluez 3 gouttes de géranium, 3 de santal et 4 de lavande dans 20 ml d'huile de base, à appliquer sur la zone à traiter.

Pour soulager les symptômes prémenstruels, prenez un bain chaud dans lequel vous aurez mis 2 gouttes de géranium et 3 de petit grain. Vous pouvez aussi ajouter ces essences à 10 ml d'huile de base pour un massage réconfortant après le bain.

Pour stabiliser les sautes d'humeur, diluez 3 gouttes de géranium, 3 de citron et 4 d'orange dans 20 ml d'huile de base, en massage sur la peau.

Ylang-ylang

Cananga odorata

L'ylang-ylang a de magnifiques fleurs exotiques qui produisent de grandes quantités d'une huile essentielle très parfumée.

Description de la plante : c'est un long chemin que parcourt l'ylang-ylang, la « fleur des fleurs », qui vient de Madagascar, une île magique située en bordure de la côte de l'Afrique orientale. Ses magnifiques fleurs exotiques de couleur jaune d'or, aux pétales veloutés, donnent une huile merveilleuse qui ressemble beaucoup au jasmin. La quantité d'arôme que contiennent les fleurs est si élevée qu'on peut en extraire trois fois de l'huile essentielle pendant le processus de distillation, ce qui donne trois degrés d'huile essentielle. L'huile, de qualité supérieure, obtenue à partir de la première distillation est le degré du « parfum ».

Précautions d'emploi : aucune contre-indication. Toutefois, l'odeur florale prononcée risque de donner des maux de tête à certaines personnes.

Parfum : fort et sucré, devient ensuite profondément floral, semblable au jasmin, capiteux et suave.

Principales indications : tonifie les peaux grasses et mixtes ; atténue les crises de panique et les symptômes d'anxiété liés au stress ; calme le stress émotionnel et les nerfs survoltés.

Suggestions de mélanges : pour tonifier la peau grasse, diluez 2 gouttes d'ylang-ylang, 3 de santal et 5 d'encens dans 20 ml d'huile de jojoba ; utilisez ce mélange deux fois par jour pour nettoyer et adoucir la peau.

En cas de crises de panique et d'anxiété, versez 2 gouttes d'ylang-ylang et 3 de lavande dans un bain chaud ; diluez ces essences dans 10 ml d'huile de base pour un massage relaxant de la nuque et des épaules après le bain.

Pour apaiser les nerfs et calmer l'anxiété, diluez 2 gouttes d'ylang-ylang, 2 de patchouli et 5 d'orange dans 20 ml d'huile de base et massez le corps en douceur.

Rose

Rosa damascena

Description de la plante : coûteuse à la production nécessitant une nombreuse main-d'œuvre, l'essence de rose est l'une des huiles les plus exquises. La petite rose de Damas originaire de Kazanlik, en Bulgarie, produit la qualité d'huile de rose la plus raffinée ; celles de Turquie, du Maroc et de Russie sont aussi excellentes. La rose « otto » est de l'huile de rose simplement distillée : il faut entre 50 et 100 fleurs pour une seule goutte. Il existe un « absolu » de rose, extrait par procédé chimique à un prix moins élevé. Procurez-vous de l'huile de rose pure, diluée dans du jojoba : elle est tout aussi efficace et plus abordable.

Précautions d'emploi : aucune contre-indication.

Parfum : miellé, légèrement citronné et doux avec de la richesse et de la profondeur.

La rose de Damas exhale une senteur sublime. C'est l'une des huiles les plus coûteuses à produire, mais chaque goutte en vaut la peine.

Principales indications : tonifie et rajeunit tous les types de peaux, en particulier les peaux sèches, sensibles et matures ; soulage les symptômes prémenstruels et ménopausiques ; aide à exprimer de la tristesse et un chagrin causé par une séparation, en fortifiant le cœur.

Suggestions de mélanges : pour tonifier la peau, diluez 2 gouttes de rose, 4 d'encens et 4 de santal dans 20 ml d'huile de jojoba (divisez par deux en cas de peau sensible).

Pour soulager les symptômes prémenstruels ou ménopausiques, diluez 4 gouttes de rose, 3 de néroli et 3 de mandarine dans 20 ml d'huile de base, en massage.

Pour apaiser le chagrin, versez 2 gouttes de rose et 3 d'orange dans un bain. Utilisez ces mêmes essences dans 10 ml d'huile de base pour faire un massage après le bain.

L'huile de rose pure dans un bain dégage un parfum extraordinaire qui peut soulager presque instantanément le stress.

Camomille romaine

Anthemis nobilis

Les fleurs et les feuilles de la camomille romaine sont très aromatiques.

Description de la plante : le mot « camomille » vient du grec *khamaimelon* qui signifie « pomme du sol » : c'est une plante basse, qui dégage une forte odeur de pomme, d'où son nom. Parmi les variétés qui ne fleurissent pas, il existe une espèce souvent utilisée pour créer une pelouse odorante. Les fleurs sont toutefois nécessaires pour la distillation.

La couleur bleutée de l'huile vient de l'azulène, une substance aux propriétés anti-inflammatoires. La camomille romaine est cultivée, mais se trouve également sauvage.

Précautions d'emploi : à éviter dans les premiers mois de la grossesse.

Parfum : fruité (rappelle la pomme), suave, frais et doux.

Principales indications : apaise les coupures, les brûlures, la peau sèche, douloureuse, les fesses rouges des bébés ; soulage les douleurs menstruelles, la baisse d'énergie et de tension avant les règles ; calme les maux de tête, les migraines ; diminue l'insomnie, la fatigue nerveuse, la tension, l'agitation et le stress.

Suggestions de mélanges : pour les problèmes de peau, diluez 3 gouttes de camomille romaine, 4 de lavande et 3 de palmarosa dans 20 ml d'huile de base et appliquez sur la zone à traiter ; pour les fesses rouges du bébé – jamais avant deux jours – n'utilisez qu'une goutte de camomille dans 20 ml d'huile de base, à appliquer très doucement.

Pour calmer les douleurs menstruelles, prenez un bain chaud additionné de 3 gouttes de camomille romaine et 2 de marjolaine, puis massez-vous doucement le bas-ventre avec ces mêmes essences diluées dans 10 ml d'huile de base.

Contre l'insomnie et l'agitation, diffusez 3 gouttes de camomille romaine et 3 de lavande dans la chambre avant de vous coucher.

Néroli (fleur d'oranger)

Citrus aurantium var. amara

Description de la plante : l'huile essentielle de fleur d'oranger tient son nom de la princesse Néroli, issue d'une famille de la noblesse italienne de la Renaissance, qui parfumait ses gants avec des fleurs de néroli. L'huile a un parfum enchanteur ; sa production est coûteuse et nécessite une main-d'œuvre nombreuse, car les fleurs blanches odorantes de l'oranger amer doivent être cueillies à la main. L'huile essentielle de néroli est distillée principalement en France et au Maroc. Procurez-vous du néroli pur dilué dans du jojoba, dans une marque de qualité : c'est le moyen de rendre cet arôme plus abordable.

Précautions d'emploi : aucune contre-indication.

Parfum : miellé, citronné, riche et doux, avec des tonalités vertes.

Principales indications : tonifie et rajeunit le teint, en particulier les peaux sèches, matures ou qui ne sont pas assez nourries ; aide à cicatriser les tissus, les blessures, les coupures ; soulage l'indigestion nerveuse et la colopathie fonctionnelle ; apaise la panique, les chocs et les brusques bouleversements émotionnels.

Suggestions de mélanges : pour un soin de la peau, appliquez sur le visage ce mélange nourrissant : 3 gouttes de néroli, 4 d'encens et 3 de patchouli dans 20 ml d'huile de jojoba.

Pour soigner la peau abîmée, diluez 3 gouttes de néroli, 4 de lavande et 4 de myrrhe dans 20 ml d'huile de base, à appliquer deux fois par jour sur la zone à traiter.

Contre l'indigestion nerveuse, diluez 4 gouttes de néroli, 3 de menthe et 3 de gingembre dans 20 ml d'huile de base pour un massage abdominal en douceur chaque fois que c'est nécessaire.

En cas de choc ou de panique, versez simplement 2 gouttes de néroli sur un mouchoir, à inhaler jusqu'au retour au calme.

Chaque fleur d'oranger doit être cueillie à la main, aussi l'huile de néroli est-elle l'une des plus coûteuses, avec celle de rose.

Huiles extraites de baies et de graines

Ce sont des systèmes aromatiques à l'odeur pénétrante, qui servent souvent à attirer les animaux et les oiseaux. Ceux-ci ingèrent les graines et les rejettent ensuite dans la terre, ce qui favorise la reproduction de la plante.

Muscade

Myristica fragrans

Les noix muscade aromatiques dégagent une odeur épicée, euphorisante. Leur saveur particulière parfume la pâtisserie.

Description de la plante : le muscadier pousse en Indonésie et au Sri Lanka. Les fruits sont recouverts d'une enveloppe appelée macis, que l'on enlève avant de les traiter. Les noix muscade, fortement aromatisées, sont distillées à la vapeur pour produire une huile essentielle odorante. Dans l'herboristerie occidentale traditionnelle, les noix muscades étaient prisées pour leurs propriétés digestives et toniques, et pour réchauffer les muscles. À l'époque médiévale, elles étaient si précieuses qu'on les conservait sous clé.

Précautions d'emploi : c'est une huile forte, à utiliser avec modération.

Parfum : chaud, fort, épicé et suave, avec ensuite une douceur particulière.

Principales indications : soulage les douleurs musculaires et arthritiques, et les extrémités froides ; calme l'indigestion, les crampes d'estomac, la nausée ; redonne de la vitalité au corps après une maladie, accélère la convalescence, remonte le moral et stimule la circulation.

Suggestions de mélange : contre les douleurs, diluez 2 gouttes de muscade, 4 de cardamome et 4 de pamplemousse dans 20 ml d'huile de base et massez la zone sensible. Pour soulager l'indigestion, diluez 2 gouttes de muscade, 4 de menthe et 4 de gingembre dans 20 ml d'huile de base, en massage de l'abdomen. Pour un tonique reconstituant, versez 1 goutte de muscade, 2 de poivre noir et 2 d'orange dans un bain chaud et détendez-vous. Diluez ces mêmes essences dans 10 ml d'huile de base, en massage après le bain.

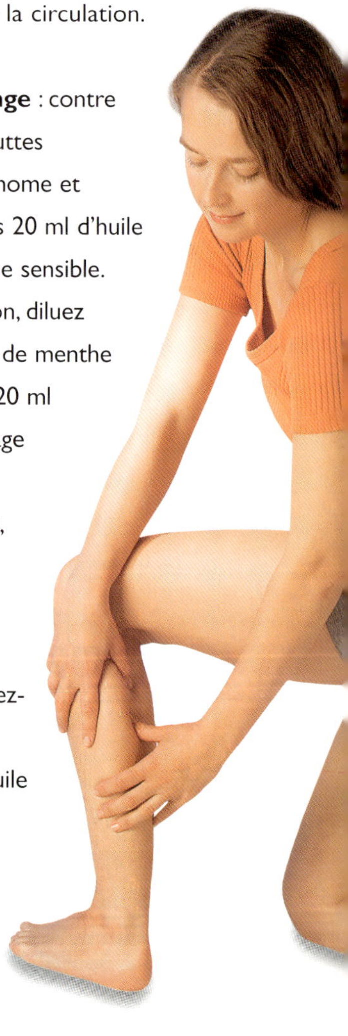

Des mélanges à base de muscade soulagent les crampes musculaires.

Poivre noir

Piper nigrum

Description de la plante : le poivrier est un arbuste grimpant aux jolies feuilles vert foncé en forme de cœur et aux grappes de fleurs blanches qui donnent des baies, les grains de poivre. Ceux-ci sont rouges et prennent une teinte foncée à maturité (on enlève l'enveloppe externe pour le poivre blanc). Les grains de poivre noir sont distillés à la vapeur pour produire l'huile essentielle. La plante tropicale est originaire d'Inde ; l'huile est produite dans ce pays ainsi qu'en Indonésie et en Malaisie.

Précautions d'emploi : à utiliser avec précaution sur les peaux sensibles.

Parfum : chaud, terreux, fort et épicé, avec ensuite des notes douces plus lourdes.

Principales indications : réchauffe et stimule la circulation du sang ; soulage les douleurs ; apaise l'indigestion, les crampes d'estomac et la constipation ; renforce le système immunitaire, en particulier pendant la grippe.

Suggestions de mélanges : pour stimuler une mauvaise circulation, diluez 4 gouttes de poivre noir, 2 de lemon-grass et 4 de cardamome dans 20 ml d'huile de base et frictionnez la zone à traiter, lorsque vous en ressentez le besoin.

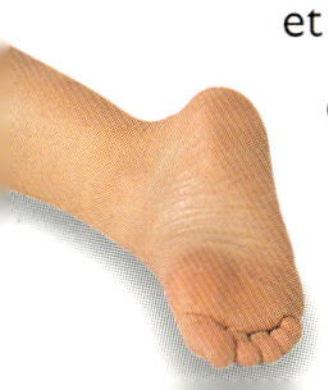

Les grains de poivre noir produisent une huile chaude et pénétrante, à l'arôme très épicé. L'huile essentielle de poivre noir peut renforcer le système immunitaire et faciliter la digestion.

Pour soulager l'indigestion ou la constipation, diluez 3 gouttes de poivre noir, 3 de menthe et 4 de néroli dans 20 ml d'huile de base et massez l'abdomen deux fois par jour.

Pour tonifier le système immunitaire, versez 1 goutte de poivre noir, 2 d'arbre à thé et 2 de bergamote dans un bain du soir détendez-vous pendant au moins vingt minutes. Diluez ces mêmes essences dans 20 ml d'huile de base et massez la poitrine après le bain.

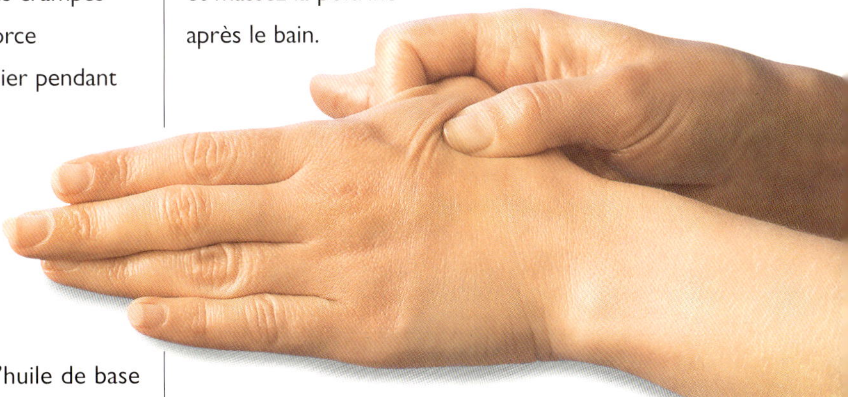

En cas de mauvaise circulation, un massage énergique de la zone avec ce mélange au poivre est bénéfique.

Cardamome

Elettaria cardamomum

La cardamome améliore l'humeur et réchauffe les zones malades. Elle est aussi un bon tonique énergétique.

Description de la plante : elle fait partie de la même famille que le gingembre. La cardamome donne des fleurs aromatiques qui se transforment en petites gousses remplies de minuscules graines noires. Les Indiens ont l'habitude de les mastiquer pour adoucir l'haleine, après avoir mangé de la nourriture épicée, et l'odeur merveilleuse de la cardamome aromatise glaces et confiseries indiennes. La cardamome est couramment utilisée dans les médecines traditionnelles orientales comme remède végétal pour fortifier les poumons et renforcer les défenses immunitaires.

Précautions d'emploi : aucune contre-indication.

Parfum : chaud, fruité, suave et épicé, avec une fraîcheur alléchante, pénétrante.

Principales indications : apaise et dégage la poitrine, décongestionne et aide à respirer ; réchauffe et calme les crampes d'estomac et l'indigestion ; stimule le mental et donne un sentiment positif en cas de baisse d'énergie.

Suggestions de mélanges : en cas de gêne respiratoire, versez 3 gouttes de cardamome et 2 de cèdre dans un bol d'eau bouillante et inhalez les vapeurs, deux fois par jour ; diluez ces essences dans 10 ml d'huile de base et massez ensuite la région pulmonaire.

Pour soulager les problèmes digestifs, frictionnez l'abdomen deux fois par jour avec 3 gouttes de cardamome, 3 de coriandre et 4 d'orange dans 20 ml d'huile de base.

Pour vous remonter le moral, ajoutez 3 gouttes de cardamome et 2 de mandarine à un bain chaud et détendez-vous. Diluez ces mêmes essences dans 10 ml d'huile de base et massez après le bain.

Verveine Yunnan
Litsea cubeba

Les baies de la verveine Yunnan ont une odeur qui rappelle le sorbet au citron ! Elle ne convient ni aux bébés ni aux jeunes enfants.

Description de la plante : c'est un arbre originaire de Chine aux feuilles délicates et aux petites fleurs jaune pâle qui donnent de minuscules fruits à forte odeur de citron. L'huile extraite des baies de la verveine Yunnan s'utilise beaucoup en Chine pour améliorer l'humeur et comme tonique pour le cœur ; en massage, elle apaise et régularise le rythme cardiaque. Elle ressemble au lemon-grass, mais elle a une senteur plus légère et plus douce.

Des senteurs de citron frais comme celles de la verveine Yunnan ont un effet euphorisant sur le corps et l'esprit, et calment les sautes d'humeur.

Précautions d'emploi : évitez d'utiliser cette huile sur une peau sensible ou lésée. Ne convient pas aux bébés ni aux enfants. Utilisez-la toujours diluée, même dans un bain.

Parfum : doux, suave et fruitée avec un fort arôme de « sorbet citron », piquant et attirant.

Principales indications : soulage les douleurs musculaires, les entorses et le mal de dos ; apaise les accès de panique ou de stress ; allège la dépression et l'anxiété ; aide en cas de sautes d'humeur et de crises de larmes.

Suggestions de mélanges : contre les douleurs, massez les zones sensibles avec un mélange de 2 gouttes de verveine Yunnan, 4 de genièvre et 4 de lavande dans 20 ml d'huile de base.

Pour calmer les accès de panique et le stress, versez 2 gouttes de verveine Yunnan sur un mouchoir, inhalez pendant quelques minutes. Ajoutez 2 gouttes de verveine Yunnan et 3 de néroli à un bain chaud et détendez-vous.

Pour vous remonter le moral et soulager la dépression, massez le corps avec un mélange de 2 gouttes de verveine Yunnan, 2 de rose et 6 d'encens diluées dans 20 ml d'huile de base.

Genièvre

Juniperus communis

Les baies de genièvre bleu foncé ont un parfum fort, pénétrant. Il leur faut deux ans pour prendre cette couleur.

Description de la plante : le genévrier est une plante robuste aux feuilles piquantes, vert foncé. L'huile essentielle provient principalement de France et d'Allemagne, où cette plante pousse facilement, et également de certaines régions de Croatie. Il faut deux ans aux baies du genévrier pour prendre une couleur sombre et produire la meilleure qualité d'huile. Le genièvre est aussi employé pour faire le gin et relever le goût des légumes racines dans la cuisine de l'Europe du Nord. En phytothérapie, il est connu comme un puissant diurétique et un dépuratif.

Précautions d'emploi : à éviter pendant la grossesse et en cas de problèmes rénaux.

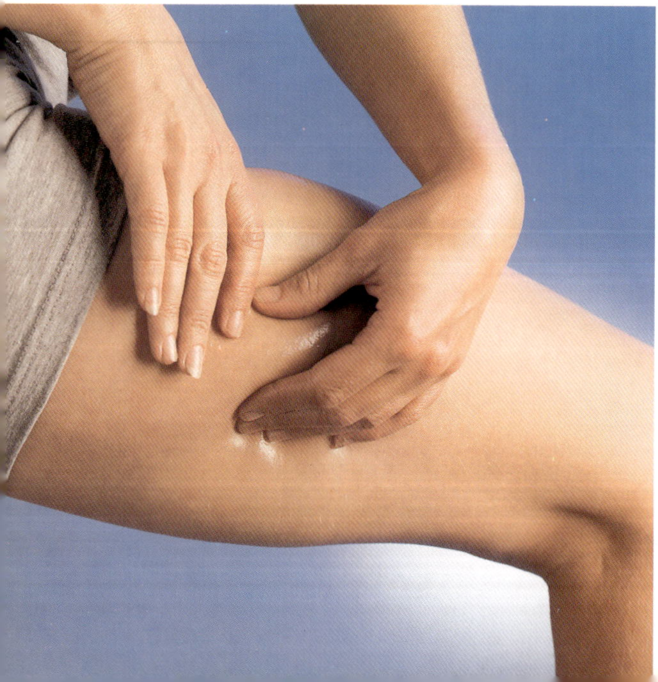

Parfum : pénétrant, poivré et camphré, avec ensuite des notes plus douces.

Principales indications : aide à détoxiquer le système lymphatique ; dégage la poitrine et facilite la respiration en cas de troubles respiratoires ; rafraîchit l'esprit et améliore la concentration.

Suggestions de mélanges : pour détoxiquer, diluez 2 gouttes de genièvre, 2 d'angélique et 6 de pamplemousse dans 20 ml d'huile de base et massez vigoureusement, chaque jour, les zones du corps à traiter.

En cas de troubles respiratoires, versez 2 gouttes de genièvre et 3 d'eucalyptus dans un bol d'eau bouillante et inhalez les vapeurs deux fois par jour.

Pour améliorer la concentration, diffusez 3 gouttes de genièvre et 3 de citron dans une pièce ; ces essences peuvent s'employer également pour purifier une atmosphère confinée et neutraliser les mauvaises odeurs.

Un massage à base de genièvre améliore la mauvaise circulation des jambes. Un massage énergique quotidien est recommandé.

Coriandre

Coriandrum sativum

Les graines de coriandre sont une épice relevée qui s'utilise beaucoup dans la cuisine indienne. Les feuilles constituent une garniture délicieuse.

Description de la plante : la coriandre est une plante herbacée très aromatique aux feuilles vert foncé, délicieusement parfumées. Elle est facile à cultiver dans le jardin et relève agréablement les salades vertes ; c'est une merveilleuse garniture pour les plats indiens. La coriandre produit des ombelles ou pédoncules ressemblant à des parapluies couronnés de petites fleurs blanches qui donnent des graines aromatiques brunâtres.

Celles-ci sont distillées pour produire l'huile dans les pays de l'Europe de l'Est, dont la Russie et la Croatie.

Précautions d'emploi : aucune contre-indication.

Parfum : boisé, épicé et suave, avec une légère pointe de musc.

Principales indications : réchauffe et apaise les muscles et les articulations douloureuses ; aide à reconstituer les défenses immunitaires, en particulier en cas de grippe ; apaise la fatigue mentale et les nerfs survoltés.

Suggestions de mélanges : pour réchauffer les muscles, diluez 3 gouttes de coriandre, 3 de poivre noir et 4 de gingembre dans 20 ml d'huile de base, en massage deux fois par jour.

Pour renforcer le système immunitaire, ajoutez 2 gouttes de coriandre et 3 de citron à un bain ; diluez ces essences dans 10 ml d'huile de base et massez la poitrine.

Pour soulager la fatigue, versez 2 gouttes de coriandre, 1 de néroli et 2 de lavande dans un bain ; diluez ces essences dans 10 ml d'huile de base pour un massage après le bain. Si vous le faites régulièrement, la qualité du sommeil en sera également améliorée.

La coriandre est une plante abondamment utilisée en cuisine et en herboristerie. Elle a de magnifiques inflorescences blanches.

Huiles extraites de fruits

Ces huiles sont contenues dans de minuscules poches odorantes présentes dans la peau des agrumes. Fraîches et piquantes, elles ont des arômes attirants qui plaisent aussi bien aux adultes qu'aux enfants.

Oranger (orange douce)

Citrus sinensis

Description de la plante : l'huile d'orange que l'on trouve sur le marché provient surtout de l'oranger doux, originaire de Chine. L'huile essentielle est pressée de la peau du fruit. L'oranger amer (*Citrus aurantium*) produit les huiles essentielles de petit grain et de néroli.

Précautions d'emploi : légèrement photosensible ; évitez de vous exposer à un rayonnement solaire intense ou de prendre un bain de soleil dans les douze heures qui suivent l'application de l'huile.

Parfum : suave, chaud, frais et citronné.

Principales indications : apaise les crampes d'estomac et l'indigestion (en particulier chez les enfants) ; revitalise la peau congestionnée et relâchée ; bénéfique pour la dépression, les sautes d'humeur, l'anxiété et le stress émotionnel.

Les enfants aiment particulièrement l'arôme suave de l'huile d'orange.

Les orangers sont couverts de feuilles, de fleurs et de fruits qui exhalent une délicieuse odeur. Jeunes et adultes aiment l'huile d'orange.

Suggestions de mélanges : contre les problèmes d'estomac, diluez 4 gouttes d'orange, 2 de menthe et 4 de gingembre dans 20 ml d'huile de base et massez l'abdomen, deux à trois fois par jour (diminuez les quantités de moitié dans 20 ml d'huile, pour les enfants).

Pour régénérer une peau fatiguée, diluez 4 gouttes d'orange, 4 d'encens et 2 de cyprès dans 20 ml de jojoba.

Pour calmer l'anxiété, versez 2 gouttes d'orange, 1 de rose et 2 de santal dans un bain ; utilisez ces essences dans 10 ml d'huile de base en massage.

Citron

Citrus limonum

La peau du citron est remplie d'huile essentielle fraîche et piquante. Cette huile aide à se concentrer et aiguise l'esprit.

Description de la plante : l'huile essentielle de citron la plus raffinée provient d'arbres qui poussent en Sicile, quoique ce fruit soit également cultivé en Californie, en Floride et en Israël. L'arbre aux feuilles persistantes a des épines, des feuilles aromatiques brillantes, vert foncé, qui produisent une huile essentielle appelée petit grain citronnier. Les fleurs odorantes donnent des fruits qui prennent une chaude couleur dorée lorsqu'ils sont mûrs. L'huile essentielle de citron est pressée de la peau du fruit.

Précautions d'emploi : modérément photosensible ; évitez de vous exposer à un rayonnement solaire intense ou de prendre un bain de soleil dans les douze heures qui suivent l'application de l'huile sur la peau.

Parfum : vert, citronné et frais, piquant et intense ; plus doux avec davantage de tonalités de sorbet avec le temps.

Principales indications : aide à renforcer les défenses immunitaires contre les rhumes, la grippe et autres infections virales ; détoxique et stimule la circulation lymphatique ; rafraîchit l'esprit et améliore la concentration.

Suggestions de mélanges : pour renforcer le système immunitaire, diffusez 3 gouttes de citron et 2 d'arbre à thé dans une pièce pour purifier l'air ; diluez ces essences dans 10 ml d'huile de base et massez la région pulmonaire deux fois par jour.

Pour aider à détoxiquer le corps, diluez 4 gouttes de citron, 2 d'angélique et 4 de genièvre dans 20 ml d'huile de base ; massez les jambes et les autres zones à traiter deux fois par jour.

Pour améliorer la concentration, accroître la vigilance, mettez 3 gouttes de citron et 3 de romarin dans un diffuseur ; ce mélange est particulièrement efficace lorsqu'on étudie.

Les citronniers poussent dans tout le Bassin méditerranéen, particulièrement en Sicile. En été, ils offrent un magnifique spectacle.

Mandarine

Citrus reticulata

La mandarine a un arôme citronné, acidulé. L'huile essentielle s'utilise pour les savons et les cosmétiques.

Description de la plante : on associe ce petit arbuste à feuilles persistantes et son fruit aux joies de l'hiver. Le fruit et l'huile, obtenue par pression de la peau, sont produits principalement au Brésil, en Espagne et en Italie. Parce qu'elle est douce et agréable, la mandarine s'utilise pour aromatiser les confiseries, les liqueurs et les boissons non alcoolisées et également pour les savons, les articles de toilette et les parfums. Elle plaît beaucoup aux enfants.

Précautions d'emploi : faiblement photosensible ; évitez de vous exposer à un rayonnement solaire intense dans les douze heures qui suivent.

Parfum : pénétrant et suave, avec une fraîche senteur citronnée ; plus doux et développe des tonalités florales avec le temps.

Principales indications : purifie la peau congestionnée et grasse ; apaise les crampes d'estomac et l'indigestion nerveuse (spécialement chez les enfants) ; calme l'insomnie, le sommeil et les rêves agités.

Suggestions de mélanges : pour la peau grasse, diluez 4 gouttes de mandarine, 3 de cyprès et 3 de genièvre dans 20 ml d'huile de jojoba ; à utiliser le soir pour nettoyer et adoucir la peau.

Pour soulager les problèmes digestifs, diluez 4 gouttes de mandarine, 2 de camomille romaine et 4 de lavande dans 20 ml d'huile de base ; massez doucement l'abdomen deux fois par jour (la moitié pour les enfants).

Pour favoriser un sommeil tranquille, diffusez 3 gouttes de mandarine et 3 de lavande.

Une diffusion d'huile essentielle de mandarine, le soir, aide à améliorer le sommeil et à soulager l'anxiété chronique.

Pamplemousse

Citrus x paradisi

Ce gros fruit doré exhale un arôme différent de celui des agrumes de la même famille.

Description de la plante : on a cru longtemps que le pamplemousse était un hybride du pomélo. Le fruit jaune et la variété à chair rose sont aujourd'hui beaucoup cultivés en Floride. L'huile essentielle s'obtient par pression de la peau ; l'arôme du pamplemousse est différent de celui des autres agrumes à cause de la présence de constituants acides qui lui donnent fraîcheur et piquant.

Précautions d'emploi : modérément photosensible ; évitez de vous exposer à un rayonnement solaire intense ou de prendre un bain de soleil dans les douze heures qui suivent l'application de l'huile sur la peau.

Parfum : vert, aigre-doux, piquant et frais, avec ensuite une tonalité douce, poudrée.

Principales indications : aide à éliminer les toxines et améliore les zones de cellulite ; dégage la poitrine et la respiration en cas de rhume et de grippe ; soulage l'anxiété, la dépression et le stress, aide à calmer l'insomnie et les rêves agités.

Suggestions de mélanges : pour détoxiquer, frictionnez d'abord la peau avec un gant de crin pour stimuler la circulation, puis diluez 4 gouttes de pamplemousse, 3 de citron et 3 de genièvre dans 20 ml d'huile de base et massez le soir les zones à traiter. Pour soulager les infections pulmonaires, versez 3 gouttes de pamplemousse et 2 de cèdre dans un bol d'eau bouillante et inhalez la vapeur pendant 20 minutes ; diluez ces mêmes essences dans 10 ml d'huile de base et frictionnez ensuite la poitrine.

Pour soulager l'insomnie et l'anxiété, versez 2 gouttes de pamplemousse et 3 de santal dans un bain chaud, le soir, et détendez-vous ; diluez ces essences dans 10 ml d'huile de base et massez la peau.

Un massage de la poitrine avec de l'huile essentielle de pamplemousse aide à décongestionner et soulage les problèmes respiratoires.

Bergamote

Citrus bergamia

La bergamote est une petite orange très amère. Elle est cultivée en Italie où elle a longtemps été utilisée dans les remèdes traditionnels.

Description de la plante : la bergamote est une petite orange amère qui pousse en Italie, en Lombardie, près de la ville de Bergame. Ce fruit a été longtemps utilisé dans la médecine traditionnelle de cette région comme remède contre les fièvres et la faiblesse du système immunitaire. L'huile essentielle contenue dans la peau est bien connue comme arôme dans le thé Earl Grey ; elle lui donne un goût frais, citronné.

Précautions d'emploi : la bergamote est très photosensible ; évitez de vous exposer à un rayonnement solaire intense ou de prendre un bain de soleil dans les douze heures qui suivent l'application. On trouve de l'huile de bergamote sans coumarine, c'est-à-dire sans le constituant photosensible, mais son arôme est alors beaucoup moins intense.

Parfum : frais, intense, citronné et suave ; développe ensuite des notes plus rondes et plus chaudes.

Principales indications : renforce les défenses immunitaires, aide à combattre les rhumes, les grippes et les troubles respiratoires ; apaise les symptômes de la candidose vaginale ; calme l'anxiété, la dépression, aide à surmonter l'abattement et à lutter contre le stress.

Suggestions de mélanges : pour renforcer le système immunitaire, ajoutez 2 gouttes de bergamote, 2 d'arbre à thé et 1 de poivre noir à un bain du soir et détendez-vous ; diluez ensuite ces mêmes essences dans 10 ml d'huile de base et massez la région pulmonaire.

Contre la candidose, ajoutez 2 gouttes de bergamote et 3 de santal à un bain chaud pour apaiser la zone irritée.

Pour calmer le stress et l'anxiété, diffusez 3 gouttes de bergamote et 3 d'encens pour créer une ambiance chaude et réconfortante.

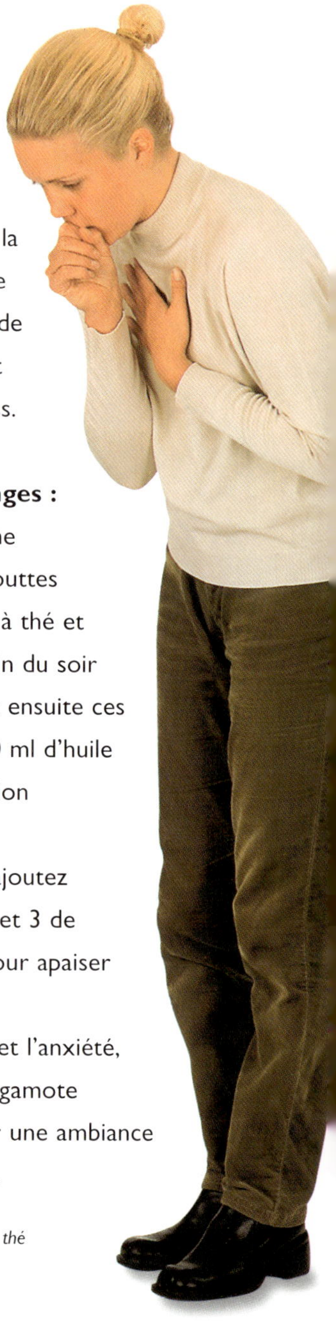

Les huiles de bergamote et d'arbre à thé renforcent le système immunitaire.

Les citrons verts frais sont très utilisés dans la cuisine des Caraïbes. Ils constituent également une excellente source de vitamine C.

Lime

Citrus aurantifolia

Description de la plante : c'est un citrus épineux à feuillage persistant, aux feuilles lisses, aromatiques, et aux petites fleurs blanches qui donnent les fruits. Les limes sont à peu près deux fois plus petites que les citrons et d'un vert intense. Elles constituent une excellente source de vitamine C et sont abondamment utilisées dans les recettes de cuisine des Caraïbes. On obtient l'huile par pression de la peau. Les principaux centres de production sont la Floride, Cuba et l'Amérique centrale.

Précautions d'emploi : la lime est modérément photosensible ; évitez de vous exposer à un rayonnement solaire intense ou de prendre un bain de soleil dans les douze heures qui suivent l'application de l'huile.

Parfum : acide, vert et frais, avec un fort arôme piquant et des notes très fruitées.

Principales indications : aide à détoxiquer et à améliorer les zones de cellulite ; soulage les infections pulmonaires, les troubles respiratoires et les catarrhes ; éclaircit l'esprit et améliore la concentration.

Suggestions de mélanges : pour détoxiquer, frictionnez-vous d'abord la peau avec un gant de crin pour stimuler la circulation, puis diluez 2 gouttes de lime, 3 de genièvre et 5 de cyprès dans 20 ml d'huile de base et massez le soir les zones affectées.

Pour soulager les troubles respiratoires, versez 3 gouttes de lime et 3 d'eucalyptus dans de l'eau bouillante et inhalez les vapeurs 20 minutes, deux fois par jour.

Pour éclaircir l'esprit, augmenter la vigilance et purifier l'atmosphère confinée d'une pièce, diffusez 3 gouttes de lime et 3 de menthe.

Diffusez un mélange d'huiles essentielles de menthe et de lime pour renforcer la concentration.

Des soins de la peau simples à base d'huiles essentielles

Les huiles essentielles peuvent servir de base à des soins de la peau simples et efficaces. Elles agissent particulièrement bien la nuit, car la position horizontale permet l'afflux du sang au visage, ce qui favorise une absorption maximale des huiles essentielles par la peau. Utilisez le tableau ci-dessous pour déterminer votre type de peau et choisissez les mélanges qui vous conviendront le mieux.

Types de peau

Normal	lisse et souple, d'apparence claire, grain fin
Sèche	terne, déshydratée, tendance à tirer au vent ou à la chaleur
Mature	rides, relâchement de la peau autour des yeux et de la bouche, perte d'élasticité
Grasse	brillante, pores larges et apparents, tendance à avoir des défauts
Mixtes	grasse par endroits, sur le front, le nez et le menton ; sèche sur les joues
Sensible	souvent très pâle, sensible à la lumière et aux cosmétiques, tendance allergique

Le jojoba, en huile de base, est l'un des meilleurs démaquillants naturels ; il convient à tous les types de peau.

Nettoyer

L'huile de jojoba, une cire liquide extraite de la graine de jojoba, est l'une des meilleures bases pour nettoyer la peau. Cette cire ressemble beaucoup au sébum secrété par la peau et dissout littéralement les impuretés contenues dans les pores. Le jojoba convient même aux peaux grasses et constitue un excellent soin pour tous les types de peau. Une petite quantité sur un coton suffit. Utilisez le mélange nettoyant avant de prendre un bain. Par ailleurs, la vapeur ouvrira les pores, avant l'application du tonique.

Choisissez un des mélanges nettoyants suivants, auquel vous ajouterez 20 ml d'huile de jojoba :

Peau normale/sèche/ mature : 2 gouttes d'encens, 4 de santal, 4 d'orange.
Peau grasse/mixte :
2 gouttes de genièvre, 3 de cyprès, 5 de citron.
Peau sensible (moitié du nombre de gouttes) :
2 gouttes de camomille romaine, 3 de lavande.

Ces mélanges doivent s'utiliser dans les quatre semaines. Ils se conservent à température ambiante ou plus longtemps au réfrigérateur.

Tonifier

Les bonnes pharmacies et les fournisseurs d'huiles essentielles proposent des eaux florales, produits dérivés du processus de distillation, qui font de très bons toniques. Appliquez une petite quantité sur un coton pour rafraîchir la peau avant le traitement hydratant. Nous recommandons les eaux florales suivantes :

Peau normale/sèche/mature : eau de rose ou de néroli, utilisée pure.
Peau grasse/mixte : eau de lavande pure.

Les eaux florales obtenues après le processus de distillation font des toniques très doux, vendues dans toutes les bonnes pharmacies.

Peau sensible : eau de camomille ou de rose, utilisée pure.

Les eaux florales se conservent six mois au réfrigérateur.

Hydrater

Les préparations pour les soins de nuit du visage ont une durée de conservation de quatre semaines ; on peut utiliser soit de l'huile d'amande douce, recommandée pour les peaux sèches ou matures, soit de l'huile de jojoba, qui convient à tous les types de peau.

Ajoutez à 20 ml d'huile de base de votre choix :

Peau normale/sèche/mature : 2 gouttes de rose, 3 de néroli, 5 d'encens.
Peau grasse/mixte : 3 gouttes de géranium, 3 de cyprès, 4 de citron.
Peau sensible (quantité divisée par deux) : 3 gouttes de camomille romaine, 2 de rose.

Faites pénétrer une petite quantité du mélange sur le visage et massez pendant 10 minutes en faisant des mouvements verticaux sur les joues et des cercles autour des yeux et sur le front. Attention de ne pas en mettre dans les yeux.

Mélanges spécial massage

Voici des mélanges spécialement conçus pour le massage, à utiliser selon votre condition physique, votre humeur et les saisons. Ils sont prévus pour être incorporés à 20 ml d'une huile de base, telle que l'amande douce, le jojoba ou encore l'huile de pépin de raisin qui constitue une base plus légère et moins grasse. Leur durée de conservation est de quatre semaines. Massez doucement avec d'amples mouvements relaxants. Vous préférerez quelquefois faire vous même ce massage, mais cela peut être reposant de vous faire masser par quelqu'un d'autre – une personne proche ou votre partenaire.

Toniques physiques

Voici quatre mélanges pour les parties du corps qui travaillent beaucoup :

Super-tonique musculaire : pour un massage sportif qui va revitaliser et fortifier les muscles : 4 gouttes de romarin, 2 de lemongrass et 4 de gingembre.

Bonheur des pieds nus : un mélange de massage pour rafraîchir et apaiser les pieds fatigués et douloureux après une longue journée : 3 gouttes de menthe, 3 de poivre noir et 4 de lavande.

Apaisement pour la poitrine : un merveilleux mélange pour masser la poitrine et soulager les problèmes respiratoires : 3 gouttes de cèdre, 3 d'encens et 4 de citron.

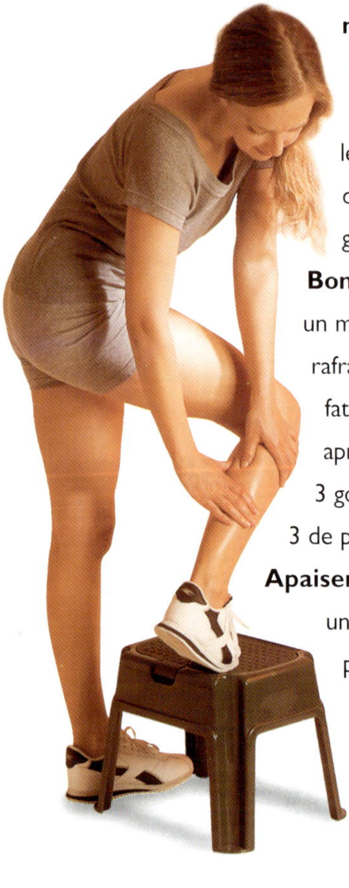

Faites pénétrer énergiquement les mélanges dans les membres pour qu'ils soient efficaces.

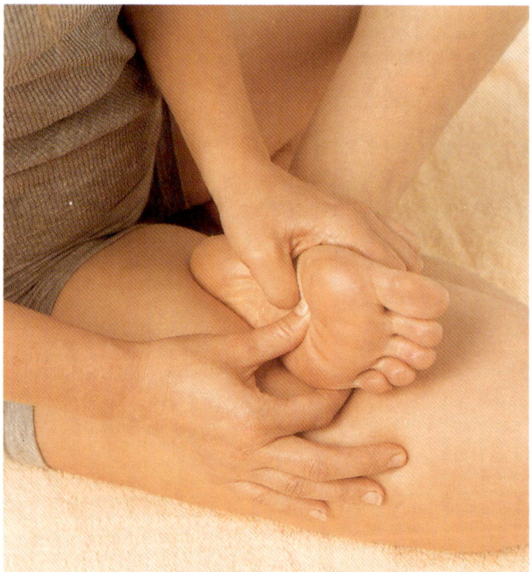

Un massage des pieds fatigués les réchauffe et les détend. C'est encore mieux si quelqu'un d'autre le fait à votre place.

Au secours de la nuque et des épaules : demandez à une personne proche ou à votre partenaire de masser vos muscles endoloris avec ce mélange : 2 gouttes de vétiver, 3 de gingembre et 5 de lavande.

Mélanges pour l'humeur

Voici quelques idées de mélanges plus subtils aux riches arômes, que vous trouverez bénéfiques pour vous remonter le moral et apaiser le stress et les tensions émotionnelles :

Halte au blues : 3 gouttes d'orange, 4 de pamplemousse et 3 de santal constituent un merveilleux mélange pour un massage relaxant, remontant et déstressant.

Revitalisant SPM : au moment des règles, lorsque vous n'êtes pas très en forme, massez-vous le soir avec un mélange de 4 gouttes de palmarosa, 2 de patchouli et 4 de bergamote.

Au septième ciel : lorsque vous avez besoin de vous évader sans vous soucier du monde, l'arôme qui s'exhale d'un mélange de 4 gouttes de pamplemousse, 2 de néroli et 4 de cardamome vous fera rêver.

Retraite tropicale : créez une humeur exotique avec 2 gouttes d'ylang-ylang, 4 de mandarine et 4 de santal : une fête pour les sens, fruitée, exubérante et florale.

Traitements saisonniers

Vos énergies n'étant pas statiques, vous ressentirez peut-être le besoin de vous masser avec différents mélanges pour vous revigorer à différentes périodes de l'année. Le massage est plus efficace après un bain, car la peau absorbe mieux les essences. Ce moment de relaxation aide aussi à améliorer le sommeil : quand vous vous détendez ainsi, tout votre corps se régénère et votre esprit s'apaise.

Respirez les senteurs que diffusent les huiles essentielles et évadez-vous vers votre havre de paix, par exemple sur une plage tropicale.

Soin rafraîchissant printanier : pour vous redonner de la vitalité et de l'énergie après la langueur de l'hiver : 4 gouttes de citron, 3 de genièvre et 3 de menthe.

Nourriture estivale pour la peau : incorporez les essences suivantes dans 20 ml d'huile de jojoba pour nourrir la peau en profondeur : 3 gouttes de santal, 2 de patchouli et 5 d'encens.

Revivifiant spirituel automnal : pour vous remonter à l'approche du soir : 4 gouttes de mandarine, 3 de verveine Yunnan et 3 de coriandre.

Énergisant hivernal : contre les douleurs, les raideurs et la baisse de vitalité : 2 gouttes de vétiver, 3 de lemon-grass et 5 de muscade.

Les huiles essentielles dans la vie quotidienne

Les huiles sont un merveilleux moyen naturel de maintenir de la fraîcheur dans votre environnement et d'augmenter vos niveaux d'énergie. Faciles à transporter, elles s'adaptent bien à tous les lieux et à différents besoins. Voici des idées pour les utiliser de façon simple et efficace.

À la maison

Dans votre foyer, les huiles essentielles vous aideront à personnaliser votre espace de vie.

Cuisine

C'est l'un des endroits où l'on séjourne le plus et aussi celui où le risque d'accidents est le plus élevé. Ayez toujours de l'huile de lavande et d'arbre à thé à portée de main : vous pouvez les utiliser pures pour les coupures, les brûlures, y compris celles causées par l'eau bouillante, et pour d'autres incidents (mettez 2 gouttes sur un coton). Pour enlever les odeurs de renfermé et rafraîchir les plans de travail à la fin de la journée, remplissez un vaporisateur de 100 ml d'eau, 10 gouttes de menthe et 15 de citron. Agitez la bouteille et vaporisez dans l'atmosphère ou sur les surfaces que vous essuierez ensuite.

Un vaporisateur à pompe permet de diffuser des huiles essentielles dans un grand espace.

Faites attention et mettez bien le nombre exact de gouttes d'huiles essentielles dans vos mélanges. C'est important lorsqu'ils sont destinés aux enfants.

Salle à manger

Un diffuseur met de l'ambiance pour un dîner de fête. Par exemple, vous pouvez agrémenter une réunion de famille à Noël de 3 gouttes de mandarine et 3 de muscade ou une fête estivale de 3 gouttes de verveine Yunnan et 3 d'orange. Une dose d'huiles essentielles dans un diffuseur durera jusqu'à deux heures.

Salle de séjour

De nouveau, un diffuseur est très utile pour purifier l'atmosphère, neutraliser les odeurs d'animaux et rafraîchir l'air. Par exemple, une combinaison de 3 gouttes d'arbre à thé et 3 de citron est bénéfique si quelqu'un a un rhume ou la grippe. Un lendemain de fête, 3 gouttes de menthe et 3 de romarin sont très dynamisantes et rafraîchissantes.

Vaporisez des huiles dans une chambre à coucher, la qualité du sommeil sera améliorée et la pièce agréablement parfumée.

Chambre d'enfants

Un diffuseur électrique est recommandé, pour des raisons de sécurité. Les huiles aident réellement à dormir. Ajoutez 3 gouttes de lavande et 3 d'orange pour un arôme apaisant ou 3 gouttes de lavande et 3 d'eucalyptus, en cas de problèmes pulmonaires. Essayez de mettre en route l'appareil au moins 10 minutes avant que votre enfant n'aille se coucher : il s'endormira, tandis que le parfum se diffuse.

En voyage

Les huiles peuvent vous être d'un grand secours lorsque vous êtes en déplacement.

Voiture

Il existe des diffuseurs qui se branchent sur l'allume-cigare ; vous pouvez aussi imprégner d'essences un mouchoir. Pour de longs voyages, 3 gouttes de menthe et 3 de romarin vous aideront à rester vigilant.

Trains et avions

Ayez avec vous une ou deux huiles et versez quelques gouttes sur un mouchoir que vous inhalerez. La lavande vous aidera à vous relaxer, la menthe et le romarin vous réveilleront, le citron ou l'arbre à thé aideront à décongestionner les sinus.

Utilisez des huiles essentielles lorsque vous êtes en déplacement : vous aurez un voyage plus reposant !

Achat et conservation des huiles essentielles

Voici quelques directives simples pour tirer le meilleur parti de votre assortiment d'huiles essentielles.

Achat des huiles

Il y a beaucoup de fournisseurs d'huiles essentielles qui vendent au public, mais la qualité et l'efficacité thérapeutiques de celles-ci sont malheureusement très variables. Les huiles essentielles authentiques ne sont pas de simples marchandises : elles sont produites chaque année et les récoltes sont soumises aux changements environnementaux. Il y a de fortes chances pour que les huiles bon marché ne soient que des copies de synthèse. Vérifiez que vos fournisseurs s'approvisionnement directement auprès de ceux qui les cultivent.

Les huiles que vous achèterez doivent être conditionnées dans des bouteilles de verre opaque, pour les protéger des rayons UV. Celles-ci devraient être munies d'un compte-gouttes, afin que vous puissiez doser les essences pour confectionner les mélanges. Un point important en matière de sécurité : des bouteilles à goulot ouvert représentent un danger pour les enfants qui pourraient en avaler le contenu. En tout cas, veillez à ce que les huiles soient hors de portée des enfants.

La cueillette de certaines plantes est coûteuse et ces huiles peuvent être chères à l'achat. Cependant, cela vaut vraiment la peine.

Conservation des huiles

Les huiles se dégradent avec le temps. Leurs composants s'oxydent et deviennent instables et rances. Elles se gardent mieux dans un récipient hermétique et dans un endroit frais. La durée de conservation dépend de la température de leur lieu de stockage : au réfrigérateur, la plupart des huiles se conservent deux ans ; les huiles d'agrumes, un an.

Pour un usage régulier, des flacons en verre opaque avec bouchon intégré ou compte-gouttes sont indispensables.

Conservez toujours les huiles au frais et à l'abri du soleil. Elles se gardent également très bien au réfrigérateur.

À température ambiante, la plupart des huiles se conservent jusqu'à une année ; les huiles d'agrumes, six mois. La durée de conservation se calcule à partir du jour d'ouverture du flacon. Notez cette date sur l'étiquette ou collez une pastille sur la bouteille pour vous souvenir de la date de péremption. Si vous les conservez au réfrigérateur, nous vous conseillons de les mettre dans une boîte hermétique, d'abord pour ne pas parfumer vos produits laitiers ! En dehors du réfrigérateur, conservez-les bien fermées dans un endroit frais, à l'abri de la lumière. N'utilisez pas des huiles dont la date d'utilisation est dépassée, car elles pourraient provoquer des réactions cutanées.

Vos huiles se conserveront plus longtemps si vous les mettez au réfrigérateur. Assurez-vous que les bouteilles restent hermétiques.

Où les trouver ?

Vous trouverez des huiles essentielles dans toutes les pharmacies-herboristeries. Veillez à choisir des huiles de haute qualité. La mention H.E.B.B.D. (huile essentielle botaniquement et biologiquement définie), qui assure de l'origine et de la natures exactes des huiles essentielles, constitue une garantie de qualité ; de même que le contrôle des huiles par l'organisme de certification ECOCERT agréé par les pouvoirs publics.

Les fournisseurs dont les adresses figurent ci-dessous vendent leurs produits par correspondance ou peuvent vous communiquer la liste de leurs revendeurs.

Plantes et Parfums de Provence
26170 Mollans-sur-Ouvèze
http://www.ppp-provence.com

Espace nature – S.G.M.
2, rue Léon-Blum – B.P. 918
90020 Belfort Cedex
http://www.espace-nature.com

Naturshop
89, avenue Paul-Doumer.
83700 Saint-Raphaël
http://www.naturshop.fr

Laboratoires LBVH
La boutique de vente en ligne hevea propose des ingrédients naturels en provenance des 5 continents
http://www.labo-hevea.com

Glossaire

Cellulite
dépôts de tissus adipeux, situés en particulier sur les cuisses.

Compte-gouttes
dispositif sur le goulot d'une bouteille qui sert à compter les gouttes.

Constituant
ingrédient odorant d'une huile essentielle (la plupart des huiles en contiennent jusqu'à 150).

Détoxiquant
aide à éliminer les toxines de l'organisme.

Diffuseur
appareil servant à répandre le parfum des huiles essentielles dans une pièce.

Distillation
extraction d'huiles essentielles par la vapeur, puis par condensation.

Durée de conservation
durée pendant laquelle une huile essentielle peut se conserver sans s'altérer.

Eau florale
produit dérivé de la distillation, délicatement parfumé, très doux pour la peau.

Expression
processus qui consiste à presser les huiles essentielles de la peau des agrumes.

Extraction par solvant
extraction d'arôme en utilisant des solvants chimiques.

Huile de base
huile végétale utilisée pour diluer les huiles essentielles.

Inhalation
absorption des vapeurs émanant d'huiles essentielles pour dégager la poitrine.

Note camphrée
arôme médicinal, fort, comme celui de la marjolaine.

Note citronnée
arôme frais et fruité comme le citron.

Note florale
odeur douce, fleurie, comme celle de la rose, par exemple.

Note pénétrante
arôme chaud, parfois épicé.

Parfum synthétique
arôme produit par des substances chimiques artificielles.

Peau sensible
peau délicate à tendance allergique, sujette aux éruptions.

Photosynthèse
processus de production de glucides, spécifique aux plantes – à partir de l'eau et du gaz carbonique de l'air – utilisant la lumière du soleil.

Photosensibilisant
qui provoque des réactions cutanées à la lumière du soleil.

Adresses, sites internet et livres utiles

Association de défense et d'information des utilisateurs de médecines douces
2, rue d'Isly
75008 Paris

Association médicale pour la promotion de la phytothérapie
2 cours Aristide-Briand
33000 Bordeaux

Fédération internationale des associations de défense, de recherche et d'enseignement de la phytothérapie (FIADREP)
19, boulevard Beauséjour
75016 Paris
http://perso.club-internet.fr/phyto2000/fiadrep.html

Fédération médicale française de médecine naturelle
Faculté de médecine de Bobigny
74, rue Marcel-Cachin, salle 232
93017 Bobigny cedex
http://www.upml.fr/glem/associat/fmfmn.htm

Phyto 2000 – Association des usagers de la phytothérapie clinique
BP 6116
75762 PARIS Cedex 16
www.phyto2000.org

Société française d'endobiogénie et médecine « SFEEM » (ex-Société française de phytothérapie et d'aromathérapie SFPA)
http://perso.club-internet.fr/phyto2000/fiadrep.html

DURAFFOURD Christian, LAPRAZ Jean-Claude, *Traité de phytothérapie clinique*, éditions Masson, 2002.

DURAFFOURD Christian, LAPRAZ Jean-Claude, VALNET Jean, *ABC de Phytothérapie dans les maladies infectieuses*, éditions Jacques Grancher, 1998.

LACOSTE Sophie, *Aide-mémoire d'aromathérapie*, Pocket Nature, 2002.

MULLER Marie-France, *Aromathérapie*, Hachette Pratique, 2003

PURCHON Nerys, *La Bible de l'aromathérapie*, Marabout, 2001.

Index

achats 13, 60-61
acheter des huiles 60-61
agrumes 9, 10-11, 13, 14-15, 61
alimentation 13
allaitement 14
amande douce 14-15, 17, 55, 56
angélique 20
arbre à thé 10-11, 14, 16-17, 33
aromathérapie 6-7, 9, 10, 13, 16-17
aromatisants 13
asthme 15
avaler 13, 14, 60
avions 59

baies 42-47
bain 14, 15, 16
bébés 15
bergamote 14, 52
bois 8, 9, 22-23

camomille romaine 15, 40
camphre 13
cardamome 10, 44
cèdre 8, 23
cèdre de l'Atlas 8, 23
chambre à coucher 59
citron 10 14, 17, 49
conservation 40-41
coriandre 47
cuisines 58
culture 11
curcuma 8, 21
cyprès 29

date de péremption, huiles 40-41
diffusion 15, 17
distillation 11, 12
distillation par la vapeur 11

encens 9, 24
enfants 15, 59, 60
enfleurage 12
épilepsie 15
eucalyptus 13, 16, 32
expression 11
extraction par solvant 11

feuilles 9, 26-35
fleurs 6, 9, 14, 26-31
fruits 9, 14, 48-53

genièvre 9, 46
géographie 10-11
géranium 10, 37
gingembre 18
glossaires 62-63
graines 9, 42-47
grossesse 14

huiles de base 14, 17, 54-56
huiles phototoxiques 14-15
huiles résineuses 24-25
hydratation 55
hypertension artérielle 15
inhalation 15, 16

jasmin 9, 10, 11
jojoba 17, 54-55, 56

lavande 9, 10-11, 14-15, 16, 36
lemon-grass 34
lime 14, 53

mandarine 10, 14, 50
marjolaine 10, 26
massage 14-15, 17, 56-57
mélange automnal 57
mélange contre le blues 57
mélange estival 57
mélange hivernal 57
mélange musculaire 56
mélange pour la nuque 56
mélange pour les épaules 56
mélange pour les pieds 56
mélange pour soulager la poitrine 56
mélange printanier 57
mélange SPM 57
mélange tropical 57
mélanges adaptés à l'humeur 57
mélanges, huiles essentielles 17, 55, 56-57

menthe 13, 27
méthodes d'extraction 11
mimosa 9
muscade 42
myrrhe 9, 25

néroli 15, 41
nettoyage du visage 54-55

orange 9, 10, 14-15, 30, 41, 48

palmarosa 35
pamplemousse 14, 51
parfums 6, 12
patchouli 10, 31
peau
  sèche 54-55
  sensibilité 14-15, 17, 61
peau grasse 54-55
peau mature 15, 54-55
peau mixte 54-55
peau normale 54-55
peau sensible 54-55
pépin de raisin 14, 17, 56
petit grain 30
plantes 6-9, 12
poivre noir 43
précautions d'emploi 13, 14-15, 60
produits pharmaceutiques 13

racines 8, 18-21
romarin 10-11, 15, 28
rose 9, 11, 15, 39

santal 8, 10, 15, 16, 22
sites Internet 63
soins de la peau 54-55
soins du visage 54-55
syndrome prémenstruel (SPM) 57

tension artérielle 15
tonifier 55
toniques 56-57
toniques physiques 56
trains 59
traitements saisonniers 57
tubéreuse 9

utilisation chez soi, huiles essentielles 58-59
utilisation orale, huiles essentielles 13-14

verveine exotique 45
vétiver 8, 10-11, 19
voitures 59
voyage 59
ylang ylang 15, 38